八闽撷珍

——山海 堡楼 移民

刘森林 著

上海大学出版社
·上海·

图书在版编目(CIP)数据

八闽撷珍：山海　堡楼　移民 / 刘森林著 . —上海：上海大学出版社，2017.7
（中华遗产·人居典范书系）
ISBN 978-7-5671-2856-9

Ⅰ.①八… Ⅱ.①刘… Ⅲ.①地方文化-文化史-福建 Ⅳ.①K295.7

中国版本图书馆CIP数据核字（2017）第125629号

责任编辑　傅玉芳
助理编辑　刘　强
封面设计　柯国富
技术编辑　金　鑫　章　斐

八闽撷珍
——山海　堡楼　移民
刘森林　著

上海大学出版社出版发行
（上海市上大路99号　邮政编码200444）
（http://www.press.shu.edu.cn　发行热线021-66135112）
出版人　戴骏豪

*

南京展望文化发展有限公司排版
上海叶大印务发展有限公司印刷　各地新华书店经销
开本787 mm×960 mm　1/16　印张17.25　字数206千字
2017年6月第1版　2017年6月第1次印刷
ISBN 978-7-5671-2856-9/K·165　定价 48.00元

"中华遗产·人居典范"书系/序

中国各区域遗存的历史人居环境，是不同历史时期的建筑技术、价值观、社会文化习俗和不同文化圈或文化类型的表征形式之一。它以其丰富的信息和独特性而成为历史的见证，具有无可替代的价值。然而，世俗往往以相悖的现实情境或价值态度诉之于视听：一方面，众人的保护意识有所强化和提高；另一方面，漠视、破坏的现象和恶性事件时有发生。反观近世欧美诸国对之延续、维护、更新、改造的认识和行动，大多趋于守常、葆真、如旧、如初，其间不乏高端和先进的科学技术手段的运用，将其纳入具有约束性的条款乃至法律的范域中，鲜见脱胎换骨式的冒进举措或新潮性的形式表述。其旨、其为或如美国刘易斯·芒福德在《城市发展史》一书中向大家发出一段忠告里所阐述的那样："城市社会已经发展到了一个分岔路口……，如果对历史有了深刻的了解，对那些至今依然控制着人类的古老决定有了高度的自知，我们就有能力正视如今人类面临的迫切抉择,这一抉择无论如何终将改造人类,即是说,人类或者全力以赴发展自己最丰富的人性,或者俯首听命,任凭被人类自己发动起来的各种自动化力量支配,最后沦落到丧失人性的地步……"意欲认识城市的渊源、前生、变迁、结构和功能,必然要对历史的遗存倍加珍惜,期冀"对那些至今依然控制着人类的古老决定"能有"高度的自知",从而提升"正视如今人类面临的迫切抉择"的能力,当然也是历史发展颇为理想的结果。无独有偶,历史学家傅衣凌曾经也说过这样一句话,"我在研究历史中,还有一种'史料癖',常常记住'当人类沉默时,石头开始说话'"——对于如此重要的"石头",能不慎乎?不敬乎?显然,包括建筑遗产、人居环境遗产在内的物质文化遗产、非物质文化遗产,都是我们认识自身历史的最好见证。求木之长者,必固其根本;欲流之远者,必浚其泉源。事实上,传统与当下并非是对立或截然分离的二项变量;即便从"致用"层面看,有关人居环境方面的微观历史、形态研究与当今人居环境的保护、再生和建设活动的内里,无疑涵泳着显明的逻辑或本体性进深的递进和关联性。有鉴于此,我以为,目下切实要做的,当应建构起敬畏之心、虔诚之意,或如钱穆在20世纪40年代所说的那般,对待历史要充满温情和敬意——这可能也是保护、修葺、更新和发展包括中国传统优秀物质遗产、历史人居环境场所,乃至城市科学发展在内的一项长期而正确的抉择途径和一种态度,或许,也是学习、实践的辩证法和可持续发展的必由之路之一,是从事文物建筑、传统村镇和城市历史街区维护、改造、更新、再生暨设计、规划、施工和管理者们的当务之急。

身处快速变革的转型和激荡莫测的思潮变幻中，书生的作用是微渺的。不过，这些纸上烟云确也初步实现了依照笔者擅长的方式呼唤的初衷，进而奉献着共同推动人居环境自身历史发展和逻辑演进的绵薄之力。因而，以传统城乡聚落街区构成、历史变迁和特征等的梳理、复原和阐释的工作性质，大体上规定了"中华遗产·人居典范"书系诸文本的体例和格调——这种致力于对历史场景的读解工作，基本剔除了当下海内盛行的文化经营、工程创意类的运动型情结、权重性效应和群体性介入的取向，并借此作为勾联舆情、获取经济利益抑或政治绩效的契机——这些经营和创意貌似契合了政府有关推进城镇化进程、一体化和新农村建设的经略和潮流，土地集约、人口集聚和经济结构方式的转型、调整和统筹的举措以及试图减降城乡两元对立格局的现在进行时国情之需，正在快速地打造格式化、过渡化的新型城镇和乡村。只是，历来浊清并置、多元共存的世俗情境，亦使得如此鼎革的前提裹挟和添增了隐显不一地删易人居环境中地域性、差异性和多样性的无限可能——历史肌理及其记忆的漫漶或消弭，将随着岁月的更替而显得愈加沉重或迷茫。

基于上述，本书系的撰写实际上也反映了笔者学术研究领域方向的微调——从类别易为区域，变专一为综合，舍宏观而切近微观。如果说这是对先前有关传统人居环境系列研习的一种反动，毋宁认为前后的种种呈现了对中国传统人居环境科学的基础、内容等相关缺失的一种关切、自觉和努力——对于年均600余课时，兼顾本、硕、博三级教学和科研任务烦冗的教师而言，似乎只能以聚沙成塔的片断型方式积累和展开。因此,书系选题及其内容亦呈现着以下若干特点:第一,书的内容即对象的考察和相关积累大多在十年以上,甚至迈越二十年以上;书系所述所论以所见实物、实体为准,文献、史实考证为辅。第二,聚焦的区域空间、范围和时段宏微远近各异:大者跨省越市,小者集合于相同地理景观和文化特质的地域中,通常以相同或近似的文化类型为界;纵向时间轴的下限框定在20世纪40年代——这是一个传统体制、文化意识、核心价值观终结的时代,少数根据实际状态顺延至20世纪80年代。第三,选题和对象的差异决定了方法和切入点的不同:有些偏重于气候、地理条件、资源和经济方式等关联度较高的方面,有些着力于区域的核心、外围和辐射区的辨析,致力于传播、交流和互动的层面分析变迁、播化和变量的过程、结果以及特征形成的比较,但主旨仍在于探讨城乡聚落街区的构成、变迁、人居环境文化和建筑风格等,各在在不同。第四,"河出图,洛出书。"图文并茂有助于扩大对书籍阅读的理解和比较过程中视觉的独特功效。一方面,图像在"传既往之踪"层面,比文字直观、有效;另一方面,图像相对的原真性,一可凸显以图证史的功能和价值,二可提升可读性。书系的图像由现状彩图、正投影建筑制图、透视图和地图等四部分组成,试图构建起一种现势、真切的观看和阅读方式。

王安石在《游褒禅山记》一文中指出,欲领略世之非常之观,当须具备四项:一曰志,二曰力,三曰不怠,四曰相。四项中的一、二、三项主要关乎和取决于自身,尽管"尽吾志也而不能至者,可以无悔矣",但努力则是前提和必需的——唯有竭尽全力,若仍不能至,也只能"可以无悔矣"。文中的"相",当是辅助之意。在漫长的调查和撰著过程中,笔者得到了众人的关爱和援手,他们的帮助使得本书系不至于出现过多的谬误或纰漏。然此四项,又"非人人能得,故事亦不可件件皆成"。在此,真诚地希望能得到读者和方家的不吝教正。顺此,也希望"中华遗产·人居典范"书系并非仅是无所事事的自娱、自言自语的空寂,抑或无知无畏的偏拗。因为,仍然有足够的理由笃信,多样性的区域人居环境及其蕴含的历史传统和文化遗产,始终将会是人类社会和经济生活中的一个深远主题。是为序。

刘森林

2013 年 6 月 23 日于康奈尔大学

前言

《八闽撷珍》初成于 2014 年暑期。延宕至今,主要想改好点,以减降缺憾,消弭错谬。

特殊的气候、地理环境和多元的民系、人口、语言和风尚,造就了福建极具特色的历史文化和人居建筑环境。然而世人未必了解其堂奥:尽知福州、厦门等都会大城,而不详泉州、漳州等历史名城;熟稔武夷山、鼓浪屿,却少人问津长乐湾、马尾船政局;粗解妈祖信仰,未必知晓明教、王审知和朱熹;听闻过闽商下南洋,却可能生疏海上丝路;略惑闽音难解,难晓北人千载悠悠的迁徙之途,疏失于近世激荡鼓涌的海天风云……400 年前(1616)徐霞客首次入闽,即将奇丽的武夷山丹霞地貌、九曲之胜收入《游武夷山日记》中;当众人在近年掀起的国学热中重新检视古代典籍《论语》乃至《弟子规》之际,发现了闽人撰著的《幼学琼林》不凡的价值和现世功用;在长期秉持人品即文品的价值观坐标评判下，名列北宋四大书家的蔡京竟易为蔡襄；当英国李约瑟博士为查考中国古代科技材料于1944年千里迢迢来到闽中腹地永安时，蠡测尚未曾念及陈梦雷——十年后，中国气象地理学家竺可桢寄给他的珍贵文献中，居然有《古今图书集成》！李氏遥望东方，心潮澎湃。——正如其所言，陈梦雷，220余年前的这位闽人、身为康熙三子允祉的侍读，他所总纂的中国古代规模最大的类书《古今图书集成》(1726年铜活字排印)，是其毕生研究《中国古代科技史》最重要的参考。

还有散落在八闽大地中的传统建筑和人居环境，它们不啻是前人留赠来者弥足珍贵的历史见证和文物重器——如果你尚未踏勘和体验过山海福建的话，不妨前行东南，一探这方神秘而模糊的"东南山国"……书名"八闽撷珍"，大抵亦含有此意。

20世纪20年代，顾颉刚等于厦门大学创设了风俗调查会，1930年秋协和大学创建了福建文化研究会，同年冬创办《福建文化》季刊，内容涉及民俗、经济、地理、生物等领域，启领了地域文化研究的风气。大约上迄至20世纪90年代，凡地域历史、宗族社会、文化和建筑等，逐渐展开深层开掘，引起了海内外研究者的广泛关注。明代长乐人谢肇淛在《五杂组》中指出："凡物须眼所见则泾渭自分，合以相并则妍媸自见。"这种不偏袒、不盲从、重调查和尚独立的精辟见解在400余年前即已为人所熟稔，迄今光芒未息。故本书所记、所述、所断，或为亲身经历，或系跋涉考察心得，或自文献研读中参考会心而至，均勘斟反复而成；虽为小书，未敢疏懈！屈指算来，余前后入闽总计八次，踪迹遍及山乡滨海，时间跨度长达13年，对其历史人文地理和人居环境终成初解，尤其 2001 年、2006 年拍摄的闽中民居和三坊七巷图像，部分竟成为历史的记忆。

所谓秀才人情纸半张，大抵也是本人热情之所系。数十年来，在兹念兹。行文中得到上海大学图书馆原馆长黄仁浩教授、上海大学美术学院资料室周玮同仁、福建中医学院博物馆张敏讲师、解放日报社薛冰编辑等的支持，提供部分彩图。这些在不同气候、季节和时段拍摄的优美图像，提升了本书的可读性。还有 2015 级硕士生卢佳慧协助绘制地图，在此一并表示衷心的感谢！

刘森林

2016 年 2 月 24 日

目录

第一章　话说八闽 —————————————————— 001
一、八山一水一分田 —————————————————— 002
二、经济民生 —————————————————— 016
三、海滨邹鲁 —————————————————— 027
四、艺苑掇英 —————————————————— 039

第二章　人口和社会 —————————————————— 049
一、人口和移民 —————————————————— 051
二、移民和城乡 —————————————————— 054
三、社会和人居 —————————————————— 058

第三章　文化和人居 —————————————————— 071
一、文化和习俗 —————————————————— 072
二、宗教和信仰 —————————————————— 077
三、观念和人居 —————————————————— 078
四、方言和人居 —————————————————— 085

五、方言和建筑类型 —————————————————— 091

第四章　闽在海中 —————————————————— 093
一、航海交通和贸易 —————————————————— 095
二、海上弛禁 —————————————————————— 098
三、凭海临风 —————————————————————— 102
四、海洋和人居 ———————————————————— 105

第五章　地区、城乡、建筑和遗产 ———————— 109
一、闽南地区 ————————————————————— 111
二、莆田仙游区域 —————————————————— 113
三、闽江下游及闽东区域 —————————————— 114
四、闽北地区 ————————————————————— 118
五、闽中地区 ————————————————————— 120
六、客家地区 ————————————————————— 124
七、城垣堡寨和村落 ————————————————— 126
八、其他建筑 ————————————————————— 138

第六章　民居建筑 —————————————————— 149
一、闽海厅井型住宅 ————————————————— 151
二、闽江下游厅井型住宅 —————————————— 162
三、闽北和闽江上游住宅 —————————————— 168
四、闽中住宅和土堡 ————————————————— 172

五、闽西南五凤楼 —————————————————— 181
六、闽西南和闽南方圆土楼 ————————————— 184
七、闽西南和闽南其他土楼 ————————————— 192
八、围龙屋 ———————————————————— 194
九、客家地区其他住宅 ——————————————— 199

第七章　结构、造型、装饰和装修 ——————————— 201
一、结构和造型 —————————————————— 203
二、装饰和装修 —————————————————— 208

第一章 / 话说八闽

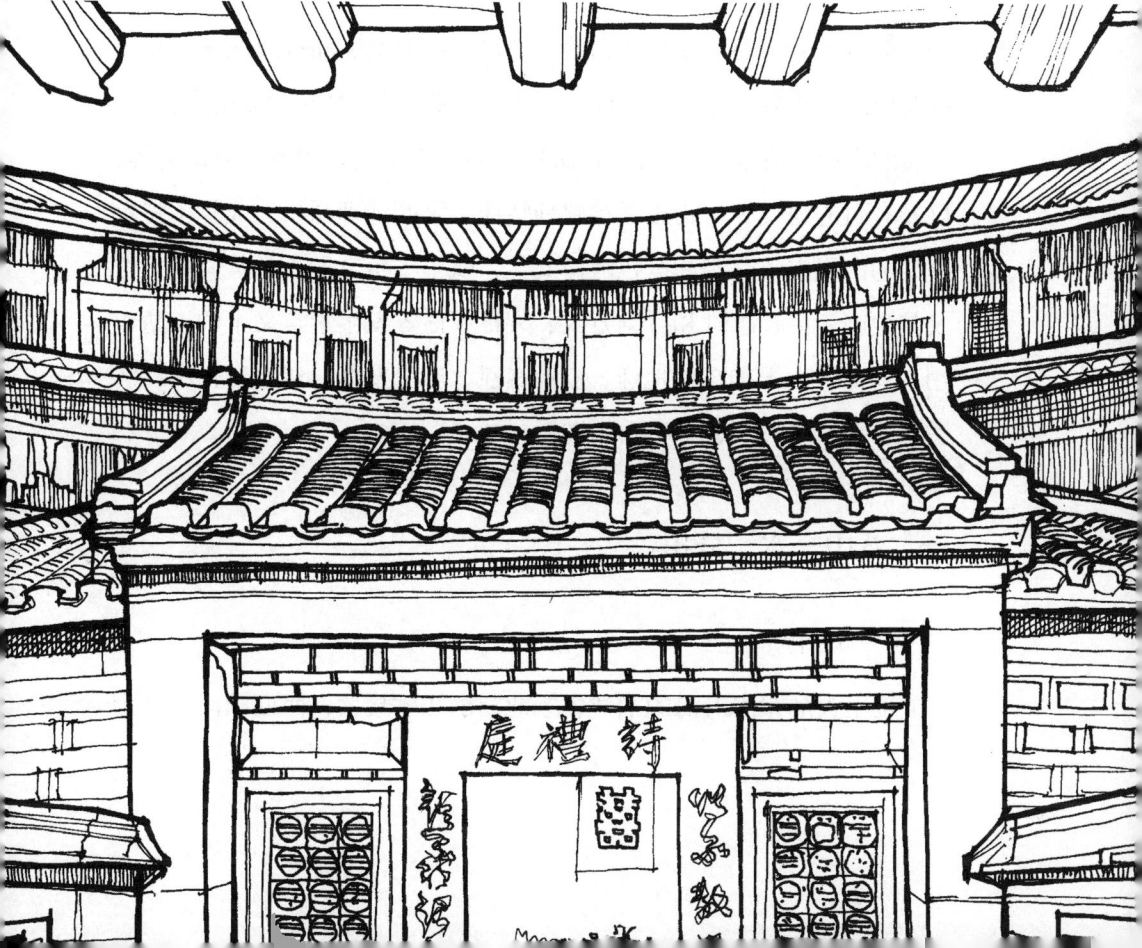

负山面海的福建在自然和地理环境、历史发展和行政区域的变迁以及经济、社会、文化等方面，呈现了浓郁的地域性和繁复的多样性。广袤的山地，清澈的河流，曲折的海岸线，宽阔的滩涂和嶙峋的岛屿，以及有限的耕地等，构成了福建独特而丰繁的地理图景，成就了特色迥异的山居农耕文明和蓝色海洋文化，赋予了生产和生活其间的人群及其生产生活、思维和行世方式、人格禀性等发生学意义上的模塑作用。本章着力于其自然地理、资源禀赋、历史发展、建制变化和经济民生、文化艺术等基底方面的描述。

一、八山一水一分田

（一）自然地理

位于大陆东南沿海的福建省东北与浙江省接壤，西面同江西省为邻，西南和广东省相连，东隔台湾海峡与台湾岛相望。地处东经115°50′～120°43′，北纬23°30′～28°22′之间。境内地势西北高、东南低，呈阶梯式伸向东海；东北—西南向的闽西和闽中两大山带同海岸线呈几乎平行的形态，大致成就了其地貌构架：由武夷山脉、杉岭山脉组成的闽西山带长达530千米，北接浙江仙霞岭，南接广东九连山；主峰黄岗山既是大陆东部最高峰，也是长江流域和东南沿海流域的分水岭；斜贯全省中部的闽中山带因闽江和九龙江的横截，界分鹫峰山脉、戴云山脉和博平岭山脉三部，均高与闽西大山带相当，唯山体略宽。山地的外侧和沿海地区低山丘陵纵横交织，连绵如亘，一如闽人谢肇淛所云"天下丘壑，无如闽中之多者"[1]，故有"东南山国"之谓。1616年徐霞客首次入闽，武夷丹霞地貌被其收入了《游武夷山日记》中。

山、水、海对闽地的意义似乎更为广泛和深远：以纵贯南北的鹫峰、戴云和博平岭山脉为中轴分东西和南北——庶几成为闽省人文地理和行政区划的分野和坐标：鹫峰山脉以东为闽东北，以西为闽北；戴云山脉以东为闽东，

[1]
［明］谢肇淛.五杂组［M］.傅成，校点.上海：上海古籍出版社，2012：63.

以西为闽中、闽西；博平岭山脉以东、以南为闽南，以西为闽西南。从江河流域上看，闽江上游流域为闽北和闽西北，下游流域为闽东；木兰溪流域为莆仙地区；汀江流域为闽西；晋江、九龙江流域为闽南地区；唯一跨省的汀江略为特殊些，因汀州分属闽江和汀江两大流域——汀州东北部的清溪和文溪属闽江上游流域，宁化、清流及连城县一部处于其侧畔，其余大部均在汀江流域中，包括粤东的大埔等。

水系发达的福建共有29支水系、663条河流，总长12 850千米，年径流量1 168亿立方米。其中，闽江、九龙江概由上游或中游的众多支流汇集而成，形成格子状或扇状形的水系；复因山陡流急，也造成了流速快、水量大、汛期长和水位季节变化明显等特点。如水流湍急的闽江下行易、上行难：上游河道落差悬殊，两岸峰林叠翠，河床礁石裸露，江流宛转，航行于上游如富屯溪邵武段"凡滩五百有奇"[1]，上行须逆水行舟，航速慢而难度陡增；下行河道宽阔，平林浅画，气势壮丽，然极易触礁。曩昔外省人对其皆怀畏惧感："加以吴闽从舟，上下湍险，复可怖恐，是行良苦。"[2]又如武夷山回溪折之九曲，折复绕山，环结成"曲曲山回转，峰峰水抱流"之曲弯状。发源于闽赣交界武夷山脉的闽江是省内最大的河流，干流长577千米，连同支流总长达2 872千米，流经36个县市，流域面积达6.08万平方千米，约合全省面积的一半。至福州以西的闽江下游一分为南、北两支：北支称白龙江，也称台江；南支称乌龙江。台江流至马尾与马江形成三江汇流之势，复经长乐、连江至闽江口的川石岛，汇入东海。乌龙江沙洲广布，景色秀丽。

南部由北溪、西溪两大支流及南溪组成的九龙江也称漳州河,自龙海市石码镇和浮宫入海,为省内第二大河,全长258千米,流域面积达14 741平方千米。该江上游水流湍急,下游江宽水稳,河口属厦门湾的一部分。发源于戴云山脉的晋江,上游有东、西两溪,干流(西溪)长182千米,流域面积5 629平方千米。两溪汇于南安双溪口至晋江入海。宋元时的泉州港是著名的外贸港城,时晋江为其经济腹地,对泉州港与内陆的交通发展起到了重要作用。明清后晋江流域人口剧增,森林植被破坏、水土流失严重,使其泥沙增加,河床淤高,导致港口淤塞,交通和贸易受到阻碍。作为唯一出省的河流,起源于宁化、长汀交界大悲山的汀江全长300多千米,流域面积1 000余平方千米,一路逶迤流淌在闽西南群山之中,穿越于山峡河谷间,流入广东的大埔、梅江,汇成韩江后,经汕头流入南海。其他如鳌江、交溪、霍童溪、东溪等均因源短流急,流域面积不及上述。

还有众多山道陆路。然其山路之艰历来为人所叹——无论入闽抑或出闽——直至21世纪

[1]
[明]陈让.邵武府志[M].杨启德,傅唤民,叶笑凡,校注.北京:方志出版社,2004:18.

[2]
[宋]蔡襄.蔡襄全集[M].陈庆元,欧明俊,陈贻庭,校注.福州:福建人民出版社,1999:627.

初十余年，出入闽境仍属不便，如从上海至福州须绕经江西上饶——高速公路、铁路交通等明显滞后。明代闽东北的福宁州是"四郊皆峻岭，商贾肩负唯艰"[1]；闽中大田县"道险不通舆骑，水急不利舟楫。生理鲜少，取足肩贩，路中络绎无寒暑。劳苦视他邑为最"[2]；省内地区间、邻省间高山阻隔，历代虽修筑通道多条，但翻山越岭仍属艰难。南宋朱熹自江西铅山县返崇安（今武夷山市），直线距离不过50余千米，却是"行尽江湘万叠山，家山犹在有无间"[3]。对此，北宋赣人曾巩深谙其艰："其路在闽者，陆出则阸于两山之间，山相属，无间断，累数驿乃一得平地，小为县，大为州，然其四顾亦山也。其途或逆坂如缘絙，或垂崖如一发，或侧径钩出于不测之溪上，皆石芒峭发，择然后可投步。负戴者虽其土人，犹侧足然后能进。非其土人，罕不踬也。"[4]再以历来为北线出入闽境主通道的仙霞岭山为例。唐末黄巢"刊山开道七百里"[5]入闽，辟通了浙省江山至闽北浦城的山道，改变了闽北地区的闭塞状况。据清初地理学家顾祖禹《读史方舆纪要》卷八九中所述，其山道"高峰插天，旁临绝涧，沿坡并壑，鸟道萦纡，隘处仅容一马"[6]。如此险要山道，后来却成了"南北往来之咽喉"，闽浙文化交流的重要途径。还有闽、赣、粤交界大山深处的闽西，地理环境的制约异常明显，据《临汀志》记，"汀界闽粤西南徼，崇岗复岭，深溪窈谷，山联脉于章贡，水移赴于潮阳。千山腾陵余五百里，然后融结为卧龙山。四水渊汇几数百折，后环绕而流丁"，为"一川远汇三溪水，千嶂深围四面城"[7]。

在12万多平方千米的土地总面积中，福建境内丘陵和山地占据了大部——海拔200米以上的丘陵山地达总面积的85％！山田开垦工程量既大，又需要足够的泉水，使得可耕田亩面积分外促狭，缺粮由来已久，也获得了"八山一水一分田"的形象化比喻。谢肇淛曰："闽中自高山至平地，截截为田，远望如梯，真昔人所云'水无涓滴不为用，山到崔嵬尽力耕'者，可谓无遗地矣。"[8] 宋代上好田土每亩可收三石米，中等可收二石米；元代福州附廓县的良田估计在四石米以上。奈平原面积狭小，且集中分布在东部沿海与河流的下游处，如省内四大平原中最大的九龙江下游漳州平原，面积不过566.7平方千米。其次的福州平原（也称闽江下游平原）面积为489.1平方千米。兴化平原（今莆田、仙游，也称木兰溪下游平原）面积为464平方千米。至于泉州平原（也称晋江下游平原），面积仅为345.1平方千米。其他如诏安、漳浦、龙海、同安、长乐等小面积平原也同样处于临海区域。

峰峦叠嶂的八闽大地生态优良，竹木资源丰硕：森林面积约500万公顷，蓄积量3亿多立方米。森林覆盖率高达39.5％，居全国第二位；其覆盖面积居全国第一，覆盖率9.5％，

---

[1] ［明］林子燮，等.（万历）福宁州志（卷一）·舆地志·风俗.

---

[2] ［明］刘维栋.（万历）大田县志（卷四）·土风.

---

[3] ［宋］朱熹.次韵择之铅山道中二首（其二）.

---

[4] ［宋］曾巩.元丰类稿（卷一九）·道山亭记.

---

[5] ［宋］欧阳修，宋祁.新唐书（卷二二五）·黄巢传.

---

[6] ［清］顾祖禹.读史方舆纪要（第64册）[M].上海：商务印书馆，1937：3747.

---

[7] ［明］谢缙.永乐大典（第7册）[M].北京：大众文艺出版社，2009：2323.

---

[8] ［明］谢肇淛.五杂组[M].傅成，校点.上海：上海古籍出版社，2012：73.

居全国第二，木材产量位居第三。主要树种有红栲、栲树、格氏栲、苦槠、大叶槠、甜槠、青冈栎、石栎、厚壳桂、肉桂、黄楠、紫楠、石楠、红桂木、白桂木、榕树、阿丁枫、樟木、马尾松、金钱松、桉树等数十种。如榕树，"其木最易长，折枝倒埋之，三年之外，便可合抱，柯叶扶疏，上参云表，大者蔽亏百亩，老根蟠拿如石焉"[1]。还有如银杏、红豆杉、鹅掌楸、长叶榧、钟萼木等若干古生子遗树种，植物种类达三千多种；竹类则有毛、麻、苦、绿、青、刚、方竹等。丰硕的山林资源及其生态禀赋成为民众世代赖以生产和生活的重要依托，一如王世懋在《闽部疏》中所说的那样："闽山所产，松杉而外，有竹、茶、乌臼之饶。竹可纸，茶可油，乌臼可烛也。"[2] 又如以木构房屋为主的闽北、闽西地区以盛产林木著世。《顺昌邑志》记曰："杉，木类松而劲直，叶附枝生，若刺针然，土人作宫室，以此为上。"[3] 明万历《邵武府志》卷九"物产"条目中也有"故郡之老屋犹多用松木为栋梁。近三四十年来，郡人种杉弥满冈阜，公私屋宇悉用之，皆取诸本土而足"之类的记载。对此，谢肇淛在《五杂组》卷十中明确说道："闽人作室必用杉木，器用必用榆木，棺椁必用楠木。"[4]

地质构造复杂的山地中还蕴藏着品种丰富的矿产资源，非金属矿储量十分可观：适合做建筑材料的砂、石、黏土遍布各地，石灰岩和花岗岩储量尤多，且品质上佳，开采也十分方便，这对于就地取材的营构策略而言，不啻提供了便利，也因之成就了不同地域建筑的特色和表征。如果说闽西以砖木结构建筑物为主，闽西南地区利用当地砂质黏土筑墙、多为土木结构的话，那么，闽南沿海则主要采用石材作道路、桥梁、塔幢、城堞和建筑。泉、南、晋、惠、石等地多以青斗石、陇石、白石和观音山石砌作墙面、地坪和其他构件，风行青石与白石相间砌筑、风包石与规整石材并用等多种砌筑的方法，以及四线直、凿平、崩平、水磨等加工形式。矿产资源处辄温泉盛，福建的地热资源较为丰富，明人有云："大凡温泉之发源，其下必有朱砂，或硫黄、礜石，盖天地至阳之精所结也。"虽然"闽中诸泉皆作硫黄气，甚者薰人不可耐"，但"人有疥者，浴之辄愈，竹木浸一宿则终不蠹，盖硫黄能杀诸虫也"[5]。除了林木、矿产和非金属矿资源外，还盛产水果、甘蔗（糖）、蓝靛和海产品。作为重要的渔产区，闽东、闽中、闽南、闽外和台湾浅滩五大渔场的经济鱼类超过100种，渔业资源丰富，渔场面积达13万多平方千米。

所谓的"八山一水一分田"云云，大抵是从传统农耕层面或农业经济思维的角度来认识其地理方位和环境资源的——《山海经》中"闽在海中"、宋代"海舟以福建为上"类的评

[1]
［明］谢肇淛.五杂组［M］.傅成，校点.上海：上海古籍出版社，2012：200.

[2]
［明］王世懋.闽部疏［M］.北京：中华书局，1985：12.

[3]
［明］马性鲁.（正德）顺昌邑志（卷八）·物产.

[4]
［明］谢肇淛.五杂组［M］.傅成，校点.上海：上海古籍出版社，2012：177.

[5]
［明］谢肇淛.五杂组［M］.傅成，校点.上海：上海古籍出版社，2012：51.

宁德市八都民居木錾联对和纹饰

述，以及清初"海者，闽人之田"的概括等，已充分说明海洋对其经济和社会的影响非同寻常——绵长的海岸线、数十座天然良港、近300万亩面积的滩涂，以及东海、太平洋西部浩瀚的空间，不仅使其海洋经济长期居于前列，在海内外航线航运上处于明显的优势，而且长袖善舞，在对外交流和商业贸易方面具有举足轻重的地位。

福建海岸线狭长而曲折，北自福鼎沙埕、南迄诏安宫口的海岸曲线长达3 324千米，约占全国海岸线总长度的20%，高居全国第二。但直线状海岸长度却仅有535千米——曲折的海岸形成了诸多的港湾、滩涂和岛屿：岛屿岸线长达1 779千米；大小岛屿多达1 400多个，平潭岛、海坛岛、厦门岛、东山岛、金门岛、浮鹰岛、江阴岛、湄洲岛、琅歧岛、粗芦岛、大练岛、屿头岛，以及台山列岛、福瑶列岛、四礵列岛、浮鹰岛、妈祖列岛、南日群岛等均为主要岛屿。名列全国第五大岛的平潭岛，面积达274.33平方千米。此外，广约280万亩的滩涂面积，可供围垦、养殖、晒盐之用。由于海岸多陡峭、入海河流含沙量较少，又形成了沙埕湾、晴川澳、福宁湾、三沙湾、罗源湾、马尾港、福清湾、兴化湾、湄洲湾、深沪湾、定海湾、围头湾、厦门港、东山港、诏安湾等众多天然港湾。

处于亚热带温暖、湿润的海洋性季风气候中的福建，福州以南全年无冬，年均气温在17～22℃之间。全省年日照时数1 700～2 300小时，年有效风能可达2 500～6 500千瓦小时/平方米。基本特点是夏长冬短，气温偏高。年无霜期240～330天，适宜于植物和农作物的生长，植物生长期长，农作物可以一年两熟或三熟。全年降水量丰富，年均降水量为 1 400～2 000 毫米，故"闽中不时暴雨，山水骤发，漂没室庐"[1]。传统民居建筑的防雨技术手段的运用，构成了其民居的风貌特征。闽北福安、闽中永安等地的民居不仅屋面为悬山式，而且在山墙处增设腰披檐，进一步阻挡雨水对山面的侵蚀。地理单元整体的闭合性或隔绝机制，使包括民居建筑在内的人居环境呈现出浓郁的地域性，针对不同的地形地貌和地质基础，采取了不同的技术手段和防护技术。前者如广泛分布于粤、闽、赣等地的房屋干栏结构体系，普遍采取底层架空、二层人居的模式：一方面之于湿瘴、炎热等气候因素，另一方面所居地形地貌的特殊性——崎岖不平、岩石坚硬等地面基础，促成借助底层结构的支承，达到二层或以上层面的平坦，为人居创建适宜的平面及空间；后者孕育着房屋抗震、防震等作用。又因降水量季节分布不均，故水旱灾害频现。在历史的进程中，历朝官民都以除水害、兴水利为建设要义，工程数量多、分布广。如规模庞大的莆田木兰陂引水工程全长 113.3 米，高 7.5 米，自宋元丰六年（1083）建成的 900 多年来，灌溉着南、北洋大片农田，使莆南平原 16 万亩农田旱涝保收、舟楫便利，发挥了多种综合效益；宋嘉祐三年（1058），疏浚福州西湖、开凿河浦近 200 条，使 3 200 顷田亩受益。

沿海地区季节性的台风对农业和渔业生产的影响和威胁不容小觑，自然气候类型和特点的形成与气压带、风带及其随季节移动的影响有着不可分割的关系。受多气压带和风带环流的影响，夏秋季常受飓风或热带风暴、台风等影响，构成风、潮、雨"三集中"的现象，属雨热同期的特点；台湾海峡盛行季风：秋冬季为东北风，夏季是南风，年均风速大于每秒 5 米。航船秋冬季出海便于南下广东、海南、南洋等地，春夏可北上苏、浙、鲁、冀沿海地区以及日本、高丽、琉球等海外。无霜期在 300 天以上的沿海地区，冬季湿润。基于气候的多样性，各地的建筑也呈现出不同的形态和差异性。如闽东北的福安，乃至闽东的闽清等地宽大的天井，然其平面布置和空间处理基于偏通风、散热和遮阳要义，从而同北方院落式住居的使用效果明显不同。事实上，闽江下游流域传统建筑在遮阳和通风方面良方优长萃集，如福州三坊七巷民居门扉上的通风窗等；在几乎没有严寒的闽南，也因循夏季的气候展开构思和营建：为了组织通风，建筑内外构成相互联通、门窗孔洞宽大且多数厅堂、堂屋的屏壁隔扇做成可拆卸状；为克服湿度而增生的闷热和潮湿，采取避免阳光直晒的多种手法，如大进深、深出檐和广设外廊，房间前后、左右设置小天井和冷巷，加速空气对流，以裨降温及凉爽。

（二）八闽始末

上古时期闽地原住民中约有 7 支互不相属

[1]
［明］谢肇淛.五杂组［M］.傅成，校点.上海：上海古籍出版社，2012：67.

的部落，是为南方土著百越族的一个支系——先秦典籍中的"闽""七闽"之称当泛指这些土著部落。春秋末楚灭越后，部分越人遁入闽地，史称此时之土著为"闽越"。其活动空间大体在闽江上游的两大支流——建溪、富屯溪流域（闽北地区）和闽江下游一带，习傍水而居，善用舟楫，以蛇为图腾、断发文身，盛行原始巫术。《说文解字》在解释"闽"时说："闽，东南越，蛇种。"所谓"蛇种"，是指闽越人将蛇视为祖先，反映了其对蛇的图腾崇拜。秦代于先秦闽越国故地设闽中郡，不过此为虚设，并无实际的行政管辖。汉高祖五年（前202），分封无诸为闽越王，重建闽越国，是为汉闽越国之肇始。武帝时剪灭吴王刘濞"七国之乱"后顺势攻陷闽越王城，"将其民徙处江淮间，东越地遂虚"[1]。三国时孙吴崛起江东后，占领闽中，于永安三年（260）改设建安郡。此时军人和流民入闽者颇众，使得在地的民族结构开始发生变化。西晋太康三年（282）自建安郡析出部分新置晋安郡。隋代统一全国后，实行州郡合并，以郡统县。开皇九年（589）改丰州为泉州，大业二年（606）复名闽州，翌年又改称建安郡，辖区范围近似于今福建省。至唐朝后，实行道、州、县三级制。武德元年（618）改建安郡为建州；六年（623），析建州部分为泉州（今福州）。垂拱二年（686）置漳州；景云二年（711）改泉州为闽州；开元十三年（725）改闽州都督府为福州都督府。据《元和郡县志》载，因州城西北有福山，遂易名福州至今。为加强边防武装力量，又于开元二十一年（733）置福建经略使，领福州、泉州、建州、漳州、潮州（今属广东）五州，治所在福州——"福建"一名也由此滥觞，行政建制也自此基本定型。

福建政区的稳定性，一方面凸显了其地理单元的特殊性，另一方面也深刻地影响了区域内经济社会和文化的完整性。大概除了漳州于唐天宝至乾元年间一度未满20年改隶岭南、元代数十年纳入江浙行省以及台湾于光绪十一年（1885）从福建府析出外，大部分时期建制和管辖均自成体系。自北宋开始对地方辖隶实行路、州、县三级体制后，福建路下辖福、建、泉、漳、汀、南剑六州和邵武、兴化二军。南宋绍兴三十二年（1162）升建州为府，由是，福建路领一府、五州、二军共八个建制。自此，"八闽"便成为其别称。尽管后世如明代曾扩展至"九闽""十闽"等，但"八闽"之称已深入人心，并相沿至今。元代置福建行省，设福州、建宁、泉州、兴化、邵武、延平、汀州、漳州八路。至元年间（1335—1340）元廷在澎湖设属泉州同安县管辖的巡检司。明承元制，易路为府，为福州、汀州、漳州、泉州、建宁、邵武、宁化、延平八府。康熙二十三年（1683）清朝统一台湾，翌年设台湾一府、三县（台湾县、凤山县、诸罗县），隶福建省府。延至今

[1]
［汉］司马迁.史记（一一四）·东越传.

日，福建省的行政建制与上述大致相当[1]。变动大的一是台湾，二是厦门。前者长期隶属福建，光绪十一年（1885）清廷将福建省台湾府改设台湾行省，文武生员仍归福建应试；后者曾受辖于泉、漳。其他大多在名称和地域上略有变动，如邵武为今南平市，汀州为今龙岩市等。

历代中央对僻壤地区的控制无非军事和经济手段。对于福建而言，先是秦虚设闽中郡，汉取分而治之及北迁之术，孙吴招募入闽屯垦。随着中原和吴楚人口比例的增加，汉文化因素也随之渗入闽中且与土著文化产生碰撞和交流，有些地方甚至逐渐地转变为强势的主导性文化。从广义上看，大批汉民在闽地移植和重建、巩固传统汉人社会的过程，是一个不断进行自我文化调适、逐步走向"土著化"或"在地化"的过程，其群体认同的意识本质上仍是传统观念、信仰的基因遗传，而非一个全新的异文化系统[2]。

二、经济民生

（一）粮食和其他

上面说过，福建田亩仅占土地总面积的十分之一左右——明洪武二十六年（1393）为 14 625 969 亩，人均 3.8 亩；清道光九年（1829）时田亩面积基本未变，然全省人口已达 1 500 万左右，人均土地面积已经不到一亩——除了贵州省，福建是人均田亩面积最少的省份。尽管近世以来不断地挖潜、试图扩大开垦土地和种植面积，如《宋史·地理志》中所记载的"民安土乐业，川原浸灌，田畴膏沃，……而土地迫狭，生籍繁夥，虽硗确之地，耕耨殆尽"云云，然山区如闽北已臻于"田尽而地，地尽而山"的地步——即便如此，收效仍欠明显。缘由在于开发山田，一取决于表层土壤的厚度，二视水泉的丰歉。如果土层薄、复缺水，开垦再多也无多少用途，况且可供开垦之处也有限；如乏泉水，一味依赖雨水的话，又因年度、季节雨量的不均衡，极易导致旱田收成菲薄。既然山地丘陵扩大开垦土地有限，那么，向海要田是否会好点呢？——事实上建陂塍海，通过围海造田来扩大庄稼种植的面积，让沧海变成桑田的实践很早就开始了，问题一在于适合造田的滩涂面积有限，二是造田也需要较充沛的水源。实际上，被称为埭田的新开垦的田土大多处于高程的低处，易得水灌溉，如此便会与原初的洋田争水——这样，上游或高程较高的洋田又形成了缺水灌溉的现状。这种此得彼失，并无实际意义。

基于人地关系的失衡，大约自明代后期开始，福建便成了缺粮大省。自此，一方面每年要从粤、浙、赣、台、桂等省乃至越南输入粮食，另一方面，努力地改善粮食供应结构和品

[1]
福州、南平、宁德、三明、龙岩、莆田、泉州、厦门、漳州。

[2]
陈进国在谈及外来汉民在闽中移植和重建时认为，为了能在一个边陲的环境中生存与发展，外来汉民必须结合"在地社会"原生文化的状况，对移出地的本文化进行变异、转换和创生，从而铸出新的地域文化模式。但不能忽视的是，由于外来汉民及其后裔逐渐并持续地占据着区域社会的主体地位，移出地的原生文化系统中支持其行为方式的深层的知识、观念、信仰等并未发生根本性的改变，闽中汉人移民社会走向"土著化"而创生的地域文化模式，与移出地的整体的原生文化系统并非根本的异，充其量是量的异，因此，也就是大同小异。与此相应的是，汉人建立闽中本土上的群体认同意识，如地缘、血缘意识或始祖崇拜等，本质上仍然是传统观念、信仰的基因遗传。（陈进国.信仰、仪式与乡土社会——风水的历史人类学探索（上）[M].北京：中国社会科学出版社，2005：40—41.）

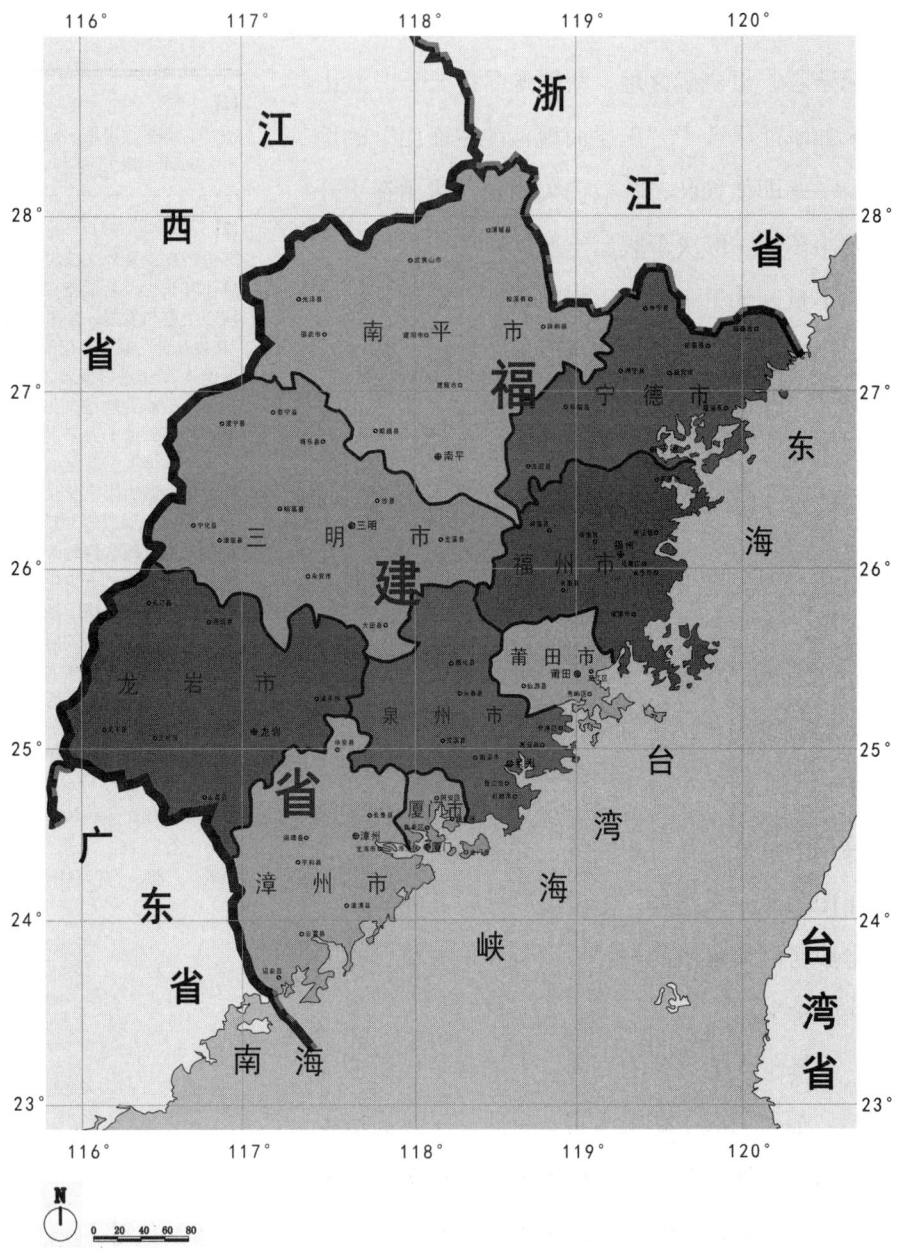

福建省行政区划地图

种也不失为一良策——引种来自美州的番薯和花生便是一个重大的举措和改变。由于前者具有耐旱、生长期短、适应沿海沙地种植的特点，故种植番薯在闽海地区快速地获得普及，在一定程度上改善了各地粮食供应紧张的局面，缓解了缺粮窘境。不过因其短缺，食用仍须计算。《闽杂记》一书便记叙了泉漳富裕人家饮食的组合与分量："闽地上闾山，下濒海，瘠多腴少，赖此以佐谷食之不足。泉、漳各处，富室大家，亦皆和米炊饭，日供一餐。"故又研发了食用番薯的其他途径，扩大品类，如"或酿为酒，名地瓜烧；或榨为油，名地瓜油；或磨为粉，名地瓜粉；或锉为丝，名地瓜丝。粉可和盐作圆煎食，丝可和糖作干瀹食。连城人又切厚片蜜制成殷红色，匪缄馈远。盖不第为荒岁所需矣"[1]。——在生齿日繁、米少价高的明末至清中期的200余年间，以番薯为粮在八闽各地已是十分普遍的情形。至于后者即花生的引种，则推动了闽人在食用油消费方面的增长，改善了人的体质。

福建粮食产地主要集中在闽北的邵武、建宁和建平府部分区域，这些地区为传统的稻

[1]
［清］施鸿保.闽杂记［M］.来新夏，校点.福州：福建人民出版社，1985：167.

米之乡。闽江下游地区部分县市的生产也差强人意。较为困难的是莆、泉、漳等沿海地区，尤其是厦门、海坛等岛屿。虽然如《临汀志》所云"大率地狭民稠，大半他业"，然而事实上，莆、泉、漳等地严重"粮荒"的根源并不全属"地狭民稠"这一客观因素上，部分在于"大半他业"——人们竞相种植利润更高的甘蔗和烟草等商业性品种，挤占了原本就紧张的田亩资源，可能是进一步加剧闽省缺粮结构性矛盾的焦点所在。

商业性农业主要包括水果、经济作物种植和林木开发三方面。福建水果素享佳誉，明人王应山有云："果实多品，荔枝、龙眼、橄榄、香橼四色，独下府所产，以地温暖，而此四种皆怯霜雪也。桃、李、杨梅、枇杷、西瓜、雪梨、柑橘、菱角、藕、柿、枣、甘蔗之属，他郡俱有，沙果、胡桃、菩提果、人面果，间有之，乌梅之用，普于四方。"[1] 得天独厚的地理和气候使之成为名副其实的水果大省，其中，北纬25°以南的闽南更是独领风骚。在输出的水果品类中，荔枝、龙眼和柑橘堪为大宗，如泉州"园有荔枝、龙眼之利，焙而干之，行天下"[2]。尤其经蔡襄《荔枝谱》宣扬后，啖荔成为人们向往的美味和雅事。谢肇淛对其亦是推广不已："荔支（枝）之味无论，即浓绿枝头，锦丸累垂，颊射朝霞，固已丽矣，而奇香扑人，出入怀袖，即残红委地，遗芬不散，此岂百果所敢忘哉？"他对荔枝的功用、优劣等也进行了评点和排序[3]。历史上漳州柑橘名满东南，明代松江人徐光启曾经说过："闽中柑橘，以漳州为最，福州次之。"[4] 此外，还有平和、南靖的柚子等，不一而足。各类水果销售，成为当地经济的一大收入来源。

经济作物种植以茶叶、甘蔗、烟草三类为至大。闽人种茶、饮茶的历史已越千年，宋代武夷山茶已蜚声中土。周亮功在《闽小记》中称："建州贡茶，自宋蔡忠惠（蔡襄）始。"[5] 苏轼品茗后曾有"两腋清风起，我欲上蓬莱"之感。范仲淹则以"溪边奇茗冠天下，武夷仙人自古载"的诗句誉之。随着清代茶叶转输入欧，闽茶名扬海外。明清茶叶消费量的扩大和饮茶新风尚的形成，也极大地刺激了茶叶的生产和消费，一如明人所云："人生饭粗粝，衣毡毳，皆可耐，惟无水烹茶，殊不可耐。"[6] 闽南的安溪、永春，闽西的宁化，闽北的浦城、武夷山等地均为著名的茶叶产区。其中，武夷山茶区因"山中土气宜茶"，故"环九曲之内不下数百家，皆以种茶为业。岁所产数十万斤，水浮陆转，鬻之四方，而武夷之名甲于海内矣"[7]。

闽地甘蔗有果蔗、荻蔗之分：果蔗可食用，荻蔗以榨糖为主。主要分布于东南莆田、惠安、泉州、晋江和漳州沿海和山区一带，产糖地主要集中于泉、漳两地。用甘蔗榨制的白、红糖，味醇而利厚，"糖产诸郡，泉、漳为盛。

[1] [明]王应山.闽大记（卷一一）·食货考.

[2] [明]何乔远.闽书[M].福州：福建人民出版社，1994：942.

[3] 如论及其功用时说道："荔支（枝）、龙眼不但以味胜，食之亦皆有益于人，蠲渴补髓，通神益智。"述及序第时有云："荔支（枝）以枫亭（今属莆田）为最，核小而香多也；长乐（今属福州）之胜画次之，肌丰而味胜也；中观又次之，色味俱醇而繁多不绝也。"（[明]谢肇淛.五杂组[M].傅成，校点.上海：上海古籍出版社，2012：200—201.）

[4] [明]徐光启.农政全书[M].长沙：岳麓书社，2002：479.

[5] [清]周亮功.闽小记（卷一）·闽茶曲.

[6] [明]谢肇淛.五杂组[M].傅成，校点.上海：上海古籍出版社，2012：50.

[7] [清]董天工.武夷山志（卷二一）·艺文志.

有红有白及冰糖,商贩四方货卖"[1]。由于蔗利厚,故乡间多有改稻种蔗者,使原本就缺粮的闽海地区雪上加霜。烟草自明代传入福建后,沿海的漳、泉、莆等地开始了烟草种植,侵占了大量的农田。所产烟草除了供应本省,还大量销往内地。

杉木用途广泛,是林木开发中的大宗,"为栋梁居室舟楫百器之需,利用最博"[2]。宋代莆田"里中豪民吴翁,育山林甚盛,深袤满谷"[3]。有客欲购其林地,总价达三千缗。该地修水利工程时,其料"大木千章,纵棋偃植"[4]。故闽地种杉十分普遍,尤其是山高林密闽北、闽西北和闽西山区的"建、延、汀、邵、福宁为多,是插而生者"[5]。其次,当推楠木、樟木和松木。楠木为公认的优质材种,"江南等路造船场,皆此木,闽人作宫室多以为栋梁"[6]。樟木既可作船用,也可制家具,尤其箱柜箧匣类,堪称不二之选。明代南靖县大规模开发林木,为漳州建造各类船艘提供大量松木。除了供应本埠所需之外,也大量贩卖至邻省。如建宁府的木材多贩至江南,通常是"秋冬砍伐,俟春水涨发,由溪顺流而下,木客于南台收买,扎排海运江浙售卖"[7]。闽西汀州府的木材大多面向江西和粤东,如上杭县"杭土杉植极盛,……一邑所出,不仅供一邑之用,客商贩往江西、潮州者倍之"[8]。综上所述,木材、水果、茶叶、甘蔗和烟草产值、利润高于粮食生产,在全国商业性农业中享有良好的声誉,成为其经济中的重要单元。

基于山林中产量甚大的竹子,因近邻浙江、江西、安徽竹材也丰,故所产多为自用。除建房筑庐外,许多手工业产品均以竹材为原料进行加工和生产,如"福、兴、泉、漳之间,以竹为器,延、建、汀、邵之间，以竹为纸"[9]。实际上宋时沿海植被在尚未被破坏之时也生产竹纸，明清时才集中在延、建、汀、邵等山区四府。宋应星在《天工开物》杀青篇中详细记载了其造纸过程，竹材是造纸业的主要材料来源和构成，再生性最强。闽产竹纸向以价廉物美取胜，尤其是毛边纸和连史纸的发明、生产和销售，为其带来了声誉和价值。何乔远还谈到山民以林间竹笋作菜肴，且作法殊异，"竹之笋，福、兴、泉、漳之间烹而馔之。延、建、汀、邵之间，蒸而焖之，盐而糟之"[10]。

在五代、两宋至明前期这一历史时段中，官营手工业无疑是福建经济中的重要因素。黄仲昭在《八闽通志》中论及明前期经济时曰："民之食，出于土田，而尤仰给于水利；民之货，出于物产，而尤取资于坑冶。凡是数者，非独民赖以生，而土贡财赋亦由是而出焉。"文中的"坑冶"，指的是闽北政和、松溪等县的银矿和铁矿，明初及中期的矿冶业曾经占有十分重要的地位，尤其是银矿，上缴的矿税课银曾名列全国前茅。其他还有造船业、盐业和丝绸业。

[1] [明]王应山.闽大记（卷一一）·食货志.

[2] [清]赵成，等.(乾隆)上杭县志（卷一）·物产.

[3] [宋]洪迈.夷坚志·支景（卷九）·林夫人庙.

[4] [宋]郑寅.重修濠塘泄记//郑振满,丁荷生.福建宗教碑铭汇编（兴化府分册）[M].福州：福建人民出版社,1995: 35.

[5] [明]何乔远.闽书[M].福州：福建人民出版社,1995: 4452.

[6] [明]韩国藩，等.(万历)邵武府志（卷八）·物产.

[7] [清]德福.闽政领要（卷中）·各属物产.

[8] [清]赵成，等.(乾隆)上杭县志（卷一）·物产.

[9] [明]何乔远.闽书[M].福州：福建人民出版社,1995: 4455.

[10] 同上.

造船和制盐是明代一以贯之的官营手工业。连江发掘的独木舟和武夷山船棺，使我们得以直接了解到古代福建民众与舟船的渊源和造船手工业的发展。阿拉伯旅行家曾就元代泉州所建船艘记述道："中国船只共分三类……大船有十帆至少是三帆，……每一大船役使千人，其中海员六百，战士四百……此种巨船只是中国的刺桐港（今泉州）建造，或在隋尼凯兰即隋尼隋尼（今广州）建造。"[1]明清时战船海舶的建造已关乎海防实力和海疆的安危，迫使政府不得不倾其力量。如明初为御倭寇，于洪武五年（1372）令浙闽造海舟660艘，以及大量的橹船等，位处闽江下游的福州和九龙江下游的漳州成为两大著名的造船基地。个中缘由一是上中游源源不断的木材供应，二是此处濒海临河——无论是明早期郑和船队，还是中晚期抗倭的战舰海舶，抑或海上贸易所需之舟船，大都出自这两地。

沿海福清、莆田、惠安、晋江、同安等盐场以官营为主。食盐专卖是财政收入的主要来源之一，盐民不得改营他业，所产之盐一律由官府收购，不许盐农私自售盐。明中晚期始，漳州开始出现私营盐场，官府遂设场征税。明代福建的官营丝织业也曾一度兴旺，如泉州染织局系专为明廷皇室生产丝绸贡品的机构，后受到来自江南等地产品的冲击而逐渐式微。

传统贡赋制的官营企业大约从晚明开始大体消失殆尽，取而代之的是私人工商业的兴起和商业性农业的发展。民营纺织业中的苎织业和丝织业虽不能比肩江南，却也相当可观，江南纺织业所需的染料主要来自福建的蓝靛。叶梦珠在《阅世编》中曾记载其家乡上海一带消费的蓝靛

"初出闽中"。明代同安人也云:"靛,此货甚于吾同(安),转贩入浙者获大利,永春(县)只自给。"[2] 自宋迄明,福建的陶瓷业一直是全国瞩目的产地之一,北宋八大窑系之一的建窑黑瓷精品"兔毫盏",是世界上最早的结晶釉制品。如果说宋元时期青、白、黑瓷因饮茶方式的变更导致黑瓷式微的话,那么,以闽中德化为代表的明代白瓷的异军突起,一方面承袭了其陶瓷业的传统优势,另一方面以其"白如玉石""式样精美"称誉市场,远销东南亚、西亚、欧洲诸国和日本,成为出口的大宗商品。此外,尚有酿酒、榨油,以及渔业、畜牧业等其他行业。

(二)民生

明清福建农民生活普遍艰苦,相比较而言,闽北、闽西北、闽西南等山区由于资源和交通等因素,贫困较突出;闽东、闽东南沿海地区以濒海的地理优势进行海上商业贸易,又有沿海资源利用,生活水准高于内地。如北缘政和县西南部的农村,"地在山瘠之上,东水流东,西水流西,地高田瘠,又居政和之下下,不宜

[1]
〔摩洛哥〕伊本·白图泰游记[M].马金鹏,译.银川:宁夏人民出版社,1985:490.

[2]
〔明〕林希元.(嘉靖)永春县志(卷一)·物产.

杂植。止有小禾一种，且沙砾靠天，不能常稔，是以其贫极"[1]。历史上政和是闻名的缺粮县，那么，产粮区民众的生活是否好点呢？我们不妨来看一段明弘治年间任职闽西北邵武同知陆勉撰写的《谕俗辞》："邵武人，听我嘱……山场多，土产薄，女织麻，男种粟；俭些用，积些谷，当煮饭，只煮粥，宁吃菜，莫吃肉；粗器皿，布衣服；日积升，月积斛，多置田，少起房；养鱼苗，喂猪畜，有功夫，书尽读。"[2]造成农民生活困苦的原因是多方面的，既有如"地高田瘠"类的自然地理条件的制约、自然气候的侵害和人齿繁盛等因素，也有朝廷的赋役徭税、官府的盘剥压榨等原因。

明清海禁张弛不一，即便海上商业贸易禁止阶段，沿海地区民众仍不乏"靠海吃海"以维护赖以生存的生命线——包括养殖、捕捞、采集、种植等数种。明嘉靖《龙溪县志》卷一中记载以捕捞为业的渔民"往往浮家泛宅，其目有罾艚、网艚、曼艚之类，皆为机网以取鱼"。何乔远则观察了泉州食海产多于粮食的情形："（泉州）沿海之民，鱼虾蠃蛤多于羹稻，悬岛绝屿以网罟为耕耘。"[3]——沿海民众生计仍以渔为业、以海为生。明初吏治清明，其赋税主要是较为轻薄的田亩，"皇朝洪武初，籍天下田地、山林、池塘、海荡之名数，分官、民二等。官田起科，每亩五升三合五勺……民产亩科夏税钞四文，秋米五升，盖一则而已"[4]。若以人口计算的话，每位闽人承担的田赋不过两斗多，而明朝的税收仅为百姓收入的三十分之一。正如明正德《顺昌邑志》所评介："迨至我朝稽定古制，上无无艺之征，下无无名之供，斯民得以休息而乐业。他若虑民食之不足，则有仓储之积，虑民力之不给，则有徭役之均,三代之后,未有若是之中正者也。"

三、海滨邹鲁

(一)宋元时代

唐末五代"山川远地由来好"的福建吸引了众多士人官宦的关注。以宋代为关捩,曾被视为瘴疠、蛮夷和偏居的海疆之地,"睠昔欧粤险远之地,为今东南全盛之邦",吸引了名士纷至沓来,"东浮荆襄,南游吴楚,谓安莫安于闽越,诚莫诚于我公"——王审知时代的福建对于饱受战乱之痛而思安定的士夫官宦们而言,不啻具有非同寻常的吸引力。随着社会经济地位的日益提升,文化方面也出现了亘古未有的发展态势,迎来了历史的黄金时代。宋代学人以"海滨邹鲁"来描述:虽为晚开发之地,但历经唐和五代的发展,这里已是国内文化较发达的区域之一;后人论及五代人物时常以南唐第一、西蜀第二、闽地第三为序。清代徐景熹在《福州府志》卷二四《风俗》篇中就其先进有云:"至宋朱子绍濂洛嫡传,福郡尤多高第,弟子阐明圣道,弦诵互闻。盖向之习染,悉湔

[1]
[明]车鸣时.(万历)政和县志(卷八)·词翰志.

[2]
[明]邢址.(嘉靖)邵武府志(卷二)·地理·风俗.

[3]
[明]何乔远.闽书[M].福州:福建人民出版社,1994:942.

[4]
同上:960—961.

南靖县梅林镇坎下村怀远楼私塾

洗无留遗矣。自兹厥后，风气进而益上，彬彬郁郁，衣冠文物之选，遂为东南一大都会。古所称海滨邹鲁，至今日而益验矣。"有明一代，共出状元 11 人，榜眼 12 人，探花 10 人，进士 2 320 人[1]，科举及第人数居全国前列。教育的兴盛使之崇尚儒雅，人物彬然，涌现了朱熹、郑樵、柳永、杨亿、宋慈、苏颂等影响中国历史的著名人物。

宋代理学是福建独领风骚的时代，杨时、游酢、胡安国、胡寅、罗从彦、李侗、朱熹、陈淳、陈襄等荟萃于斯。集大成者朱熹综罗百代，被誉为孔子以后儒学最重要的人物。他于宋淳熙十年（1183）在武夷山五曲隐屏峰下创建武夷精舍，来访鸿儒有刘甫、方士田、吕祖谦、辛弃疾、袁枢、何镐、项安世、刘珙、谢东卿、高文举、俞寿翁、周道士等；求学的蔡元定、黄榦等士人。绍熙五年（1194）朱又在建阳考亭村建竹林精舍，讲学八年（1192—1200），实行庐山白鹿洞学约。前来学习者除蔡、黄外，还有蔡沈、陈淳、叶味道、李方子、廖德明、李闳祖、杨楫、杨道夫、林夔孙、陈复道、范念德等。正因为其长期讲经、论道、

[1] 福建省地方志编纂委员会.福建省志·大事记[M].北京：方志出版社，2000：53.

宏毅于此，培养了大批以闽人居多的弟子，使闽北成为全国理学的中心，形成了世称"闽学"的流派。闽学的思想体系不仅熔铸了濂、洛、关学，而且还渗透了佛、道的思辨哲学，代表了理学发展的最高阶段。朱在此完成了《四书章句集注》等重要著作；尽毕生努力，将儒学推向了极致，成为中国古代社会后期700余年占主导地位的意识形态，并对日本、朝鲜等邻国产生了巨大的影响。近人钱穆在《朱子新学案》中云："在中国历史上，前古有孔子，近古有朱子，此两人，皆在中国学术思想史及中国文化史上发出莫大声光，留下莫大影响。旷观全史，恐无第三人堪与伦比。"[1] 在道统原则下，包括建筑秩序在内，也在不断地"规范化"并趋于苛严，人的起居行为及其范围和空间等受到不同程度的制约，使得全国及八闽各地的民居无不烙上宗法礼制的印痕——无论是祠宅合一的家族性住宅的平面构图和空间形态，还是中轴主导、前卑后尊等规整的格局。

　　史学中，莆田人郑樵一生专心著述达84种，以《通志》200卷最为著名。在传、谱、略三部分中，尤以52卷的《二十略》为精华；二是袁枢的《通鉴纪事本末》。文学上，北宋婉约派柳永不仅开拓了题材内容，而且发展了铺叙手法，词调丰富，促进了词的通俗化，故其作流布甚广，有"凡有井水处，即能歌柳词"之说。还有以杨亿、张元幹等文学家为代表的"西昆体"这一宋初诗坛上声势浩盛的流派，既符合宋文化内蕴趋势，也使晚唐诗的讽喻性得以传承。另外，在植物学和书法上卓有建树的蔡襄，其散文"清道粹美"，其书学虞、颜，取法草书参用飞白法。还有"宋四家"之一的蔡京，他同蔡卞合纂的《宣和书谱》

《宣和画谱》咸为书画史上的大著。在医学、科学等领域，有法医学开山祖宋慈，经办案件无数，其著《洗冤集录》（五卷）（1247）为世界最早的法医学著作。刑部、吏部尚书苏颂在天文学、天文机械制造和药物上成就斐然，于元祐四年（1089）制成水运仪象台。晋江人曾公亮于庆历四年（1044）编纂的《武经总要》40卷，为11世纪末兵器制造、兵法集成的重要著作。绍定至淳祐年间（1228—1252）邵武人严羽《沧浪诗话》的问世，标志着继钟嵘《诗品》、司空图《二十四诗品》之后，又一部重要诗歌理论专著的诞生。

被后世誉为"南宋家庭生活大百科"的《事林广记》，系宋末闽人陈元靓编纂的日用类书。因其内容广博，文辞浅白，甫一刊行便风靡各地。如"幼学类"中的"训蒙八规"云，学礼、学诵、学坐、学言、学书、学揖、学行、学立。陈以为，"少成若天性，习惯成自然"，幼年教育的重要性溢于言表。

简言之，两宋时期福建的科技、文学等在众多方面呈现全面发达的景象，推动了其古代文化高潮阶段的形成。

[1] 钱穆.朱子新学案［M］.台北：三民书局，1971：1.

（二）激荡明清

元、明、清和民国时期，福建的人文和科技成就虽已难继两宋的光芒，然仍未失江左风流。受王阳明影响较深的晋江人李贽集理学家、历史学家和文学家于一身，惊世骇俗。所著《焚书》《续焚书》《藏书》《续藏书》等反对以儒学为中心的思想统治和文化专制，《焚书》"寒伪学之心胆"。后继的理学家还有漳浦县人陈真晟及其学生蔡清。在文学方面，长乐人谢肇淛博学多才，其诗谐和，著述有《五杂组》《北河纪略》等。福清人林鸿与高棅、王偁、陈亮、王恭、唐泰、郑定、王褒、周玄、黄玄结社，合称"闽中十子"。林诗以格调胜，为晋安诗派之祖。连江人陈第被世人视为集将军、学者、音韵学家、旅行家、诗人于一身的奇人。他多次击退鞑靼入侵，也曾渡海台湾追剿倭寇——还就访问调查所得写成《东番记》——这是记载古代台湾民族、历史和社会的一部重要文献；一生远游各地山川，调查方言，赋诗寄怀。

清代文学领域中，长乐人梁章钜一生著述 70 余种、800 余卷，才学赡博。除诗歌笔记外，且擅书法、精鉴藏、好金石。侯官（今福州）人林则徐的奏折文风质朴，说理透彻，多为对时政的见解和建议。他不仅是近代史上杰出的民族英雄，而且有"开眼看世界的第一人"之誉。其诗文宗白乐天，直抒胸臆，高风亮节。其中，《赴戍登程口占示家人》中的"苟利国家生死以，岂因祸福避趋之"的诗句，已成为激励万千仁人志士的旷世名句。清同光体中的闽派以陈衍、郑孝胥、陈宝琛、林旭等人为中坚。陈衍诗学精博，讲学南北 40 载，声誉卓著；郑孝胥工诗善书，后矢忠满清为人所不耻；陈宝琛诗作多感时怀旧，致力于地方教育事业；林旭，陈宝琛曾孙婿，诗多爱国情怀。检视明清福建的学术文化，历史学和编纂学成就引人瞩目。《宋史新编》是明代莆田人柯维祺从理学角度总结宋辽金史的专著，代表了当时多数儒者的倾向，贯穿了民族主义的观点。李贽的《初潭集》《藏书》《续藏书》等史学著作大胆评点历史人物，在思想界产生震动。何乔远《名山藏》共100卷，记载了明朝十三代的历史。全书体裁类似纪传体，试图超越传统，创设新体系。在编纂学方面，明清时期福建各府州县修志蔚然成风，保留至今的方志尚有300多种。陈梦雷总纂的古代规模最大的类书《古今图书集成》，是其最富特色和成就卓著者。他于康熙四十一年（1702）受命总纂，"以一书贯串古今，包罗万有"。全书共3 600卷，约1.6亿字，历时五年，是一部具有极高使用价值的百科全书。康熙五十一年（1712），清廷将朱熹列为十哲之一，命安溪人、文渊阁大学士李光地等辑《朱子大全》并颁行天下。

　　文化的兴盛和发达与教育、书院和书坊三者的关系是密不可分的。秉持以儒学治家国的宗旨，福建对传统府州县学十分重视，尽管明清学校培养的是官吏队伍，功利性强，但毕竟接受了正规教育。相对于官学，作为民间自发形成的书院等则良莠并存，优劣互现。出生于尤溪的朱熹19岁中进士，在其出生地郑义斋故居创建尤溪县学，在一生居留近40年的五夫里创办紫阳书院，创建崇安武夷精舍和建阳考亭村竹林精舍。不惮辛劳于建阳寒泉精舍、武夷精舍和建阳考亭、谟武村仓山书院等处讲学。流风波及，山陬僻乡处琅琅书声不绝于耳。闽西连城县培田村吴氏七世祖伐木割草，创办石头丘草堂，礼聘进士谢桃溪"课二三弟子以读诗书"。尽管空间狭微，却"开河源十三坊书香之祖"，历后世持续努力，终成远近闻名的南山书院。该院自清顺治七年（1650）至乾隆三十年（1765）的105年中，培养了秀才191位，19人入仕，5人官至五品。该村从明末始另增设了十倍山书院、云江书院、紫阳书院等。尤为可贵的是，培田吴氏没有忽略女子的文化教育和女红技艺的传承，于是，村中"容膝居""修竹楼"成为三朝宗族女子的校园。在容膝居内，学习文化和"可谈风月"并举；修竹楼中以切磋交流女红技艺为主。

闽地自两宋兴盛以来，书籍、雕印及书坊发展迅速，市场需求旺盛。早在南宋时建阳麻沙就已经成为全国图书雕印和销售中心之一，如果说临安（今杭州）以版本精湛著称的话，那么，建阳则以版本繁多而驰名天下。早在南宋时定居于此的朱熹就曾说过，书坊之书无远不及。另据《诸蕃志》一书载，输往朝鲜的"中国物产"中"建本文字"是重要的一项。至今在日本保留的宋本中，也数建本最多。明嘉靖前，建阳书坊印书业更是国内独步。弘治年间，建阳书坊藏有172种、5 211卷的书版。由于明末书坊"出书最多而板纸俱最滥恶，盖徒为射利计，非以传世也"[1]，遂日趋衰落。嗣后，长汀县四堡（今属连城县）刻书业崛起。对此，郑振铎曾将四堡与北京、汉口、浒湾（今属江西）并称为清代四大刻书中心。

彼时福建文化异彩绽放、辉耀人间的荦荦大端，一是海外地理著作，二是翻译文学。两项代表了昔时中国人对海外世界的认识水平、程度深浅以及对外交往的渴望和期冀。

随着对外贸易的兴盛，闽人的足迹也随之遍及海外，一些学人、商贾和官宦的海外综录和域外见闻、访问经历、知识技艺等接踵问世。如明嘉靖时闽人吴朴著《渡海方程》，主张在海外置都护府，开市舶司。从东洋到西洋，自南洋至北洋，漫漫八万里水路，要设几多督护府？如此思维和经略，俨然迈越了海防，颇具以海权立国的思想。万历四十五年（1617）漳州人张燮撰《东西洋考》12卷，是应月港（今海澄）市舶司的约请而著。全书分西洋列国、东洋列国、外纪、税珰、饷税、舟师、艺文、逸事八考，记载了明中晚期与月港通航的海外36国和地区的历史、地理、国情、风俗、物产和外贸的概况，以及从月港出发至海外诸国的航程、航路、气象、潮汐等有关航海的实用知识。同安人陈伦炯清初随父游历海外，归里后撰就《海国见闻录》，刊行于乾隆五年（1744）。是书分东洋记、东南洋记、南洋记、小西洋记、大西洋记等篇，记述了日本、欧洲主要国家和地区的政治、风俗、物产和贸易等情形。乾隆间漳州人王大海漫

[1] ［明］谢肇淛.五杂组［M］.傅成，校点.上海：上海古籍出版社，2012：241.

游南洋爪哇诸岛,归乡后著书,刊行于嘉庆十一年(1806)。其著主要记载了荷兰属印度(今印度尼西亚)的习俗、礼教、政制、贸易、医学、文学等方面的见闻、知识和信息,是清代闽人涉足海外世界知名的游记之一,在鸦片战争后产生过较大的影响。福建巡抚徐继畬在道光二十九年(1849)编纂的《瀛环志略》凡10卷,附42幅地图,系统地介绍了世界各国的历史地理。另外,还有晋江陈棣乡的阿拉伯后裔丁拱辰在海外经年研究欧洲兵器,对造炮尤其痴迷,归国后写成《演炮图说》一书。该书吸取了兵器著作的菁华,参照西洋武器原理而有所改良和创新……由上可知,颇具先知先觉意识的闽人林则徐镇守东南海疆,长期与外来民族和外来文化接触,其文既有对西方世界的介绍,也有对抗击侵略的主张,涉及大量"对外"事务,曾组织编译了《四洲志》《华事夷言》《国际法》等——日后被人称为"开眼看世界的第一人",实非偶然。

与各种海外游记、见闻综录相表里的是,福建在近代首开翻译文学风气之先,在全国翻译领域占有重要的地位,严复、林纾、陈季同、辜鸿铭四家堪为译著界的先行者和翘楚。

严复,侯官人,一生翻译西方哲学、经济学、法学、逻辑学、社会学、政治学等约200万字,成为近代系统引进西方哲学人文科学的第一人,影响至大者当属《天演论》;他制订的翻译学原则——信、达、雅,至今仍被业界奉为圭臬。如果说严以介绍西方学术思想为主,那么,与之齐名的林纾则可视为介绍西方文学的先行者。其翻译的作品源自英、法、美、俄、比、希腊、挪威、瑞士、西班牙、日本等十几个国家,

1898年和王寿昌合译的《巴黎茶花女遗事》甫经问世，即在文学界引起振动——这是国人首部译介的西洋小说，一时风靡神州。其他还有托尔斯泰的《复活》、狄更斯的《大卫·科波菲尔》、塞万提斯的《唐·吉诃德》等名著共计181种，涉及11国107位作家。林译清畅明丽，优美感人。通过其译，众多世界名著为中国读者所知。其传入不但向民众展示了丰富的西方文化，开阔了人们的视野，而且对改变国人的观念，尤其是知识阶层的思想和文学观念发挥了作用。虽然其反对新文化运动，但译著却给五四以后的作家提供了学习借鉴的范例。不过林不谙西文，需他人口述后再重新组织。如此，则每译一书都要有合作者，据称与之合作者多达19人。

与严、林以译西书名世不同的是，近代东学西渐的重要代表陈季同则以传播汉学著称于世。他曾任职清廷驻外机构数十年，精谙法语，致力于向欧西传播中国文化，有多种译作、著作在法国出版，率先将《聊斋志异》(译名《中国故事》)译成法文，1884年在巴黎出版。最早独立翻译了《拿破仑法典》(即《法国民法典》)，以及雨果、左拉等名家的著作。学贯中西的厦门人辜鸿铭，系生于南洋、学于西洋、婚于东洋、仕于北洋的一代鸿儒——于中知识淹博，精研四书五经；于西精通英、法、德、希(腊)、拉(丁)、梵马来亚等9种语言，获13个博士学位，并将《论语》《中庸》译为英文，深受西方读者青睐。他自称东西南北人，被印度甘地誉为"最尊贵的中国人"，西方人曾流传一句话，到北京可以不看三大殿，不可不看辜鸿铭。除了严、林、陈、辜四大家外，陈的胞弟陈寿彭及弟媳薛绍徽在翻译领域亦不同凡响。

1900年，陈、薛夫妇合译了法国科幻小说《八十日环游记》，由经世文社出版。此译本不仅是作者凡尔纳科幻小说的第一本中译本，也是中国首部有关科幻小说的译著，深受读者喜爱。

辛亥革命和五四运动后，以白话体进行文学创作的闽籍群体脱颖而出，著述丰硕，如新文化运动倡导者之一的郑振铎、历史学家邓拓、左联作家胡也频、中英文俱佳的林语堂以及黄庐隐、谢婉莹（冰心）、林徽因三才女等。龙溪（今漳州）人林语堂毕业于上海圣约翰大学，德国大学哲学博士，两度获得诺贝尔文学奖提名。英译《论语》（译名《孔子的智慧》）、《老子》，英著《吾土吾民》在美国反响巨大，改变了众多西方人对中国人及其文化的误解和误判，他用五年时间撰就《当代汉英词典》。与严复等乡贤有所不同的是，林还是一位出众的作家，倡导"幽默闲适"小品，汉著《生活的艺术》广为世人阅读，竟有12国语言的译本！长篇小说《京华烟云》《苏东坡传》等风靡海内外。郑振铎（1898—1958），字西谛，长乐人，五四时同瞿秋白合编《新社会》，1921年与沈雁冰、王统照等组织文学研究会，先后编辑《小说月报》《文学》周刊，博雅多识，学殖宏富，1923年起任燕京、暨南大学教授。后以藏书和文物考古驰名，搜罗宋元佳椠、孤本秘籍，在抗日战争中的上海奋力抢救和保存了众多珍贵的文物典籍。有《插图本中国文学史》《中国俗文学史》《中国版画史图录》和《中国古本戏曲丛刊》等著作行世。生于1898年的黄庐隐留下的文字，庶几皆为哀鸣。对于残酷的命运，她是勇敢的，却始终挣不脱尘网的羁绊。也许因为至情至性，其文方能超越时代，写出了从理想到幻灭的痛感。茅盾评价道，五四时期的女作家，能够注目于革命和社会题材的，不能不推庐隐为第一人。冰心与林徽因尽管均为三坊七巷走出的大家闺阁，两人的丈夫即吴文藻、梁思成还是清华预备学堂的同室寝友，四人也曾在康奈尔大学留下倩影——未知是因宋美龄派专机迎讶卫斯理学院校友冰心至渝致力于抗战工作，还是梁思成、林徽因周六"太太沙龙"的精彩，嗣后两人关系概属云遮雾障。不过有一点可以肯定，1949年以后，两才女再无力作问世：林属意建筑，长乐、福州、烟台等海滨城市成长的冰心发愿要写一部海军的作品也未能遂愿。

四、艺苑掇英

在艺术文化领域，八闽代有人才。明代长乐人陈登是公认的篆书大家。据乡党所述："（陈登）最精小篆，凡周、秦以来石刻残缺无可考者，皆能辨之……盖世之精于字学者，未必工书，惟登兼之，以非世俗所尚，故声誉不布。"[1]

[1] ［明］谢肇淛.五杂组［M］.傅成，校点.上海：上海古籍出版社，2012：119.

周瑛也曾赞其书"不纵奇以入怪,不诎意以谐俗,遒美圜劲,古意浑然"。明末晋江张瑞图书、画俱佳,笔墨率意,尝与松江董其昌齐名,有"南张北董"之誉。张氏强调书学魏碑,取其朴质、刚劲,大字"奇姿横生",尤为精妙。还有法书精进的黄道周等。清代闽籍书家中,宁化人伊秉绶书法、丹青、文学造诣高深,其书初宗汉隶后入汉碑,将汉隶体势和结构予以改造,并将篆书的用笔融于隶书中,创制出篆隶书这一新格。其书间架博大、质朴浑厚,气势雄强。隶书横平竖直,结体方正,用笔圆浑。楷书法虞、欧、褚、颜、柳,又以隶法行笔,瘦而凝练独绝,萦回往复。绘画领域,在明初武英殿周文靖、郑时敏、上官伯达等闽籍待诏(宫廷画家)中,沙县人边景昭博学能诗,善画禽鸟、花果,俱极精妍,"其于花之娇笑,叶之正反,鸟之飞鸣,色之蕴藉,不但钩勒有笔,其用墨无不合宜,宋元以后殆第一人矣"[1]。同其传承宋元"写实"的画风一样,莆田人曾鲸的画作以如镜取影、妙得精神的"写实"人物画享誉艺林。他长期游艺于留都,同晚明董其昌、陈继儒、王时敏、黄道周、陈洪绶、张岱等名士友善,名噪江南。"其写真大二尺许,小至数寸,无不酷肖。挟技以游四方,累致千金云。"[2] 其画既秉承了传统应物象形、形神兼备的晋唐两宋绘画造型的原则和法度,又巧妙地吸收了欧洲造型艺术和绘画中的"精确"和讲究明暗、色彩的艺术观;与传教士利玛窦的交往,使他对圣母像绘制的技法有了较多的理解和认识,从而成为最早接受西洋艺术的中国画家之一。

清代华喦、黄慎和上官周三家俱为闽西人。长汀人上官周,擅山水和人物。山水喜用线条勾勒，烟岚弥漫。宁化人黄慎曾拜上官周为师，久寓扬州，鬻画度日，系"扬州八怪"之一。其画用狂草笔法入画，运笔纵横，不拘形似，以笔势见胜。上杭人华喦，号新罗山人，诗、书、画俱佳，曾于扬州鬻画谋生。其艺既存扬州画派的共性，也有自己的个性。以其成就最高的花鸟画画法风貌而言，一是初学恽寿平时画于熟纸绘绢之作，二是偶法石涛所作的兰竹类，三是中晚年绍周之冕等的"钩花点叶"式的"小写意"。纵观其作，可谓既有师古人，又有所鼎革。如吸纳"钩花点叶"法的状物之长，但消减了过多的蕴藉；绍师南田的造型力和没骨法，但摒弃了其平淡和平均；取意石涛、八大的率意及水墨设色的技艺，而非纵肆。降至清末，闽地画坛渐趋寂静。从上述不难看到：众多闽籍人物游历于江南、京师等地，或受名家亲炙，或与之酬集交游，名声在外——人文生态环境难现两宋，晚清及民国文化地位的下沉已是不争之实。

除书画艺术外，雕塑艺术也别具一格。尤其在宋元海外交流中心的闽南，以印度教等为

[1]
［清］陈寿祺.（道光）福建通志（卷二二四）·明艺术.清同治刊本.

[2]
［明］谢肇淛.五杂组［M］.傅成，校点.上海：上海古籍出版社，2012：128.

尤溪县台溪乡书京村瑞庆堡

题材，结合本地石材资源丰盈、材质均匀的资源禀赋，创造了众多别具一格的宗教雕刻的珍品。1934年发掘于泉州南门教场的毗湿奴神像，高1.5米，上体袒裸，站立于一半月形的莲座上，表情娴雅，吸收了印度典型的雕刻造像风格；泉州开元寺大雄宝殿后檐及天后宫后殿均保存有一对十六角形的印度式石柱，高约3米，柱顶、柱中、柱下三部皆为四方形。四方形之四面各刻一圆圈，圈中浮雕表现了毗湿奴骑金翅鸟现身救象、毗湿奴的人狮擘裂凶魔、象鳄互斗以及幼童支利希那的故事。如何在柱中圆圈这十分逼仄狭小的空间内表现复杂的神话故事？这里的手法是摄取故事中最具特征的场景和代表性的法器象征其内容。如一圆中表现了大蛇占据河中旋涡，以致河水受毒危及聚落、毗湿奴恶战大蛇的故事。图式居中以黑天（毗湿奴化身）吹笛舞蹈喻示恶战胜利后的欢愉，并以两侧轮宝法螺的刻琢昭示了其斗争中的武器。此外，开元寺大雄宝殿前阶须弥座石刻中的狮身人面像等，反映了印度教通过佛教密、禅两宗对中土的传播，不啻为继唐宋后雕塑的二度传入。

　　如果说中国古代雕塑受外来影响至大首推古印度的话，那么，近代油画输入的源头则在欧洲。油画进入中国，为国人打开了观看世界的新方式。周碧初，就是尝试这一新方式的早期著名油画家之一。周毕业于厦门美专，后赴巴黎高等美术学院深造。归国后先后在厦门美专、上海美专、新华艺专和杭州国立美专执教，1965年入上海油画雕塑创作室。和其他先贤一道，培养了陈逸飞、邱瑞敏、魏景山、夏葆元、方世聪等为代表的誉享海内的上海美专 1965 届油画精英群体。其画多风景、静物题材，写生为主；笔触短而密，色彩明丽而饱满，以近似"点彩"的技法表现自然或物体。其艺、其色，是 20 世纪画坛一方独特而幽美的天地——没有所谓的主题性，也几乎绝少人物；不会随波逐流，唯有数十年一以贯之的艺术追求和高境，寂寞自守。其人、其品、其作，一如家乡的名称，平和。

工艺美术暨物质文化建构中，瓷器、木雕、寿山石刻和漆器为荦荦大端，开物天工，哲匠辈出。从北宋的建阳黑瓷精兔毫盏，到明代德化的白瓷，为中国陶瓷史上重镇。其中，小碗居多的建窑黑瓷为铁釉瓷器，胎骨呈乌泥色，瓷体较薄，色乌黑滋润，釉面多条状结晶纹，细如兔毛，故称"兔毫盏"，是宋代饮茶首重品类。北宋后期曾为宫廷烧制御用茶盏，风靡东瀛。其他尚有油滴、曜变、鹧鸪斑等品种。"曜变天目茶碗"黑瓷碗在乌黑的釉面上闪烁着银灰色金属光泽的小圆点，抑或四周满布钢蓝色光晕，状若灿烂星辰；有的似春日黎明彩霞，金光紫云。德化窑自明代盛烧白瓷观音、达摩等塑像，胎釉浑然一体，宛若白玉，有"象牙白"之誉。明嘉万时瓷塑艺匠何朝宗善于表现人物性格，妥善处理服饰褶痕和飘拂的质感。故宫博物院珍藏其塑"达摩渡海像"神采奕奕，被后世视为德化瓷的经典。

福建的人像木雕同曾鲸人像写真一样，以状形逼肖为准，惟妙惟肖，栩栩如生，明人有云，"闽人尚有刻木为小像者，召之至，草草审视，不移时即去，殊不见其审度经营也。越一日而像成，大小惟命，色泽姿态，毫发不爽，置之座右，宛然如生"[1]。清末柯世仁、陈天赐等刻塑或以传神为旨，或集前辈技艺大成。柯刻"射猎图""达摩"等像，神情生动，人物逼真，风格多样。近人江加走之父金榜为雕刻粉彩木偶神像艺人，他幼承庭训，子承父业，一生创造了280余种富有性格特征的木偶头像，刻工精致同装饰互现，宋画遗韵意趣浓郁；部分头像结构尚能活动，张口眨眼，生动而传神。

福州寿山所产石料质地晶莹，如羊脂者谓"白芙蓉"，带黄色者称"田黄"，是镌刻印章、金石文玩和工艺雕刻的上佳石材。据宋代梁克家《淳熙三山志》卷三、卷三八载："寿山石，洁净如玉，大者可一、二尺，柔而易攻，盖珉类也。"闽中高兆怀瑾握瑜，将其分定神、妙、逸三品。清代寿山石雕刻艺术发展的鼎盛期，康熙时漳浦人杨璇曾为内府御工，擅刻人物、兽钮。其圆雕参用阴刻法，技艺精熟。故宫博物院所藏杨刻"伏狮罗汉"，田黄石，高4厘米，宽9厘米。刀法古朴，神态精妙，为清代寿山石雕的代表作之一；其印钮之作，集玉玺、铜印的精华，独树一帜。他善于妙用石之天然色泽，开创了"取巧色"的先例。康熙《漳浦县志》称其"善雕寿山石，凡人物、禽兽、器皿俱极精巧"；略晚于杨的周彬擅长印钮雕刻，其钮重特征，突出性格，发寿山石雕"薄意"之先声。郑杰《闽中录》、徐庚《前尘梦影录》、崇彝《说印·说田石补》以及吴昌硕印款中等，对其人其艺均有详略记载；林谦培为咸丰、同治时人，长印钮、博古、人物、海兽，善以神话、仙佛作题材，颇具北魏遗风，开创了"东门流派"艺术风格。此外，尚有创立"西门流派"风格的潘玉茂，其深刀刻琢，刀法简练,以尖、圆、推刀综合施艺,造诣高超。晚近士夫山人享用寿山石既众,歌赋诗翰颂清芬者不绝。仅清代浙人就有如诗宗嘉兴朱彝尊、海宁查慎行两大家,曾各以《寿山石歌》一首赞之咏之。还有龚纶、陈子奋、钱君匋、应野平等近现代书画名家,观览诗会、金石之余,对其亦颇多咏赞。清代八闽印坛名声至大者有林皋、陈鍊、林霍等,近现代则推长乐人陈子奋。陈子奋初宗古玺,间参金文,后法浙、皖两派,博采众长;绘事初师陈洪绶,擅双钩白描花卉,鬻艺谋生。徐悲鸿1928年入闽艺事,赏其艺,精绘《伯乐相马图》相贻。跋中云:"……陈先生意芗,年未三十已以篆刊名其家。为予治……诸章,雄奇遒劲,腕力横绝,盱衡此世,罕得其匹也。画宗老莲、伯年,渐欲入宋人之室,旷怀远志,品洁学醇,实平生畏友,吾国果文艺复兴,讵不如意芗者期之哉!兹将远别,怅然不释,聊奉此图,愿勿相忘。"美术史家俞剑华论陈氏白描花卉曰:"吴昌硕用金石书法作写意花卉,陈先生用金石书法作白描花卉,真所谓春兰秋菊,异曲同工。"

[1]
[明]谢肇淛.五杂组[M].傅成,校点.上海:上海古籍出版社,2012:128.

福建脱胎漆器以泥木石膏等材料塑造模型为"胎"模，复于麻布上涂漆面胶于模上，层层裱褙刮灰，干固后脱模始为胎型。嗣后加以填灰、上漆、打磨、装饰等工序，成为各种脱胎漆器。特点是轻巧、光亮、耐温、耐腐。清乾隆时名匠沈绍安恢复和创制了脱胎漆器，其作胎薄轻盈，质地坚固，亦用真金碾泥入色，经久不变。漆器大家李芝卿15岁入福建工艺传所漆工科学艺，后赴日本长琦美术工艺学校漆器科深造。归闽后精研明代以来的髹漆技艺，不断创新，创造了多种新技法，呈现出清新明丽的新格。另外，用漆艺施于日常器用上的永春漆篮，系用细竹篾编成篮坯，糊上灰土，内里裱褙夏布，经细磨、打漆底，表面再绘制人物风景或堆塑画，贴敷金箔而成，形成密实坚固、美观精细之器用。

第二章 / 人口和社会

历史上福建人口发展表现为人口起落变化和迁徙流动量的"两大"特征：前者急升陡降，后者内迁外移频繁。元蒙前北方人大量迁入，明清后向台湾省和海外迁出。人口流向呈现中原人口首迁闽北、闽西山区，部分人群复往南、往沿海迁移，沿海人口又向隔海的台湾省和海外转移的路线图。人口的"大进出"既促进了民族融合，使之成为著名侨乡和台湾同胞的祖籍地。移民、兵燹和驰禁等又加剧了人口变化的态势，成就了其独特的人口结构和城乡形态，形成了较为系统的家族组织和基层社会组织体系，并深刻地映现在政治、经济、文化和人居环境及其建筑中，为认识和理解其建筑特质及聚族而居等提供了无可忽视的观察角度。明中期后基层治理的乏力、沿海倭乱和闽中、闽西南聚众反抗自卫等，也诱发了土堡寨楼兴建的动因。

一、人口和移民

人口大迁徙是移民社会的基本特征。始于战国时期的早期人口迁移以及历代的迁徙大多从浙江仙霞岭、江西武夷山和赣州进入闽北、闽西北和闽西,共计约四次大规模南迁入闽的移民高潮:

第一次是三国孙吴时期。自建安元年(196)至吴太平二年(257)的62年间,孙权五次派兵约20万人入闽,将士和部分逃避徭役南来的流民留居此地,渐变为以汉族为主的结构。

第二次是西晋怀帝永嘉年间(307—313),北方匈奴、羯、氐、羌、鲜卑等少数民族入主中原,中州衣冠族林、陈、黄、郑、詹、邱、何、胡八姓迁入闽中;梁侯景之乱后迁至苏、浙、赣、皖等地人群亦纷纷入闽;迁入者大多分布在闽江的上下游地区,部分远徙闽南晋江流域。

安史之乱和唐末南下人口剧增,掀起了第三次高潮。规模较大的一是唐总章二年(669)陈政、陈元光父子受命率府兵南下九龙江下游龙溪以南地区平定"啸乱",众姓赴闽落籍定居;二是随王潮入闽林、陈、詹、刘、张、王、李、蔡、蒋、高、方姓等多达36姓,迁至汀州府宁化石壁寨(今宁化县石碧村)和长汀县的有廖、郑、温等26姓。

宋代是第四次入闽高潮,尤以南宋初期人口最众,形成了"靖康之乱，中原涂炭，衣冠人物，萃于东南"[1]的局势。元明清时期外来人口逐渐减少，但向海外外流的移民逐渐增多。菲律宾吕宋、苏门答腊旧港、爪哇巴城和下港，暹罗大城，越南的广南成为其相对集中之处。同时，明以后返往外省之人也逐渐增长，尤以清代移台最显。历史上台湾长期隶属福建，如元代在澎湖设巡检司，遣水师驻守，管辖澎台民政，隶属于泉州路同安县，两地人口来往密切。清顺治十八年（1661）南安人郑成功率众三万余人收复台湾，实行军屯，准百官"随人多少，圈地永为世业"。时恰值清廷实行迁界，故闽海居民附舟师来归，"移入的估计不下二三万人"。雍正十年（1732）准许携眷赴台；光绪元年（1875）实行鼓励对台移民政策，于台、厦分设抚垦局，招募闽人赴台开垦。昔台湾地广民稀，而闽地人多地少，粮食仰台供给甚多。据统计，康熙二十二年（1683）统一台湾时汉人不过12万，乾隆四十七年（1782）增至81.2万余人，迨光绪十九年（1893）汉人已达250.4万人。迁台人中又以闽人最多。据1943年统计，台湾人口中（不含外国人）汉族占96.4%，中原籍闽人占83.8%。其中，漳、泉、厦又占了绝大部分[2]。

对于主动和被动南徙的中原人及吴楚土著而言，"他乡即故乡"的信念中虽然裹卷着惆怅和乡愁，但闽地山川和丘陵地形、温润气候和尚未开发的田土资源等良好的现实条件和生存空间以及对未来家庭乃至家族的安康和荣耀的考量，又使之毅然决然地倚徙扎根于此。史料显示明清时人口渐趋增长，明洪武二十六年（1393）全国总人口数约为7 270万人。其中，北五省的北平（含北京、天津、河北）、山西、山东、河南、陕西（含甘肃、宁夏）人口为1 979万人，占全国总人口的27%；中五省的京师（含松江、江苏、安徽）、浙江、江西、湖广（两湖）、四川（含四川、重庆）人口为3 818.8万人，占全国总人口的52%；南五省的广东、广西、福建、云南、贵州人口为1 158.7万，占全国总人口的16%。宣统元年（1909）政府第一次户口统计，全省有780 557户。境内有畲族、回族、壮族、蒙古族、苗族、满族等30多个少数民族，总人口达46万余人[3]。

大约从汉代开始，闽人即开始向海外迁徙，唐时移居海外者渐众。自宋迄清的800余年中，共计百余万人移居海外。清康熙十七年（1678）荷兰人占领马六甲时，华侨仅426人，至道光五年（1825）已达10 039人。除了历史悠久、规模大外，分布广是其移居海外的第三个特征。据不完全统计，至鸦片战争爆发前东南亚华侨总数已达100万人以上，除暹罗（今泰国）、真腊（今柬埔寨）、安南（今越南）外，还包括马来西亚、新加坡、菲律宾、印尼等国。又如清光绪五年（1879）至十五年（1889）从厦门港运往美洲、大洋洲等地的华工有12 151人；十年中，仅从厦门港出国的人数就达415 074人，年均4万多人。侨民除东南亚外，还遍及北美、南美、

---

[1] ［宋］朱熹.晦庵文集（卷八三）·跋吕仁甫诸公帖.

[2] 福建省地方志编纂委员会.福建省志·人口志［M］.北京：方志出版社，1998：73.

[3] 近30万的畲族为人数最多的少数民族，约占全国畲族人口的一半以上，主要分布于闽东各县的山区。

大洋洲、非洲和欧洲，以及朝鲜、日本等国。

二、移民和城乡

比较地看，福建城镇化起步晚、规模小、水平低。东汉末仅有 5 县，唐末设 5 州 23 县。宋太平兴国时期（976—984）为 6 州 2 军 41 县。至元丰年间（1078—1085）全国六个人口 20 万人以上的大都市中，福建的福、泉名列其中[1]。时耕地面积已达 110 914 顷，趋于饱和，出现了"四望无平地，山田级级高"，"虽硗确之地，耕耨殆尽"的景象[2]。至元十三年（1276）至二十六年（1289）置 8 路 49 县，泉州升为全国第一大港。1949 年全省仅设福州、厦门两市，66 个县，城镇人口 171.3 万人，占总人口的 14.42%。人口分布大抵是沿海多于内地，集中在福、莆、泉、漳四大平原中；内地分布于闽西北、闽南的河谷和山间盆地中，包括闽江上游和汀江流域山多田少的建、延、邵、汀、龙等四府一州，较为贫乏的资源和相对闭塞的交通，造成社会流动性小，人口少而散，宗族规模也有一定的局限。反观沿海北至闽江下游，南迄晋江、九龙江及木兰溪、霍童溪流域的沿海地区，即明清时的福、泉、漳、兴和福宁州、永春州等自然条件优越的四府二州，得平原和濒海临河两利，人口蕃盛，商品经济发达。

从历时性上看，汉以前的闽越人以聚落形式散布于河谷盆地的阶地和河口附近；汉以后主要集聚于闽江支流建溪流域、富屯溪流域及闽江河口段地区；晋代主要开发了晋江流域；唐代致力于九龙江下游地区，促进了龙溪以南和汀江流域的开发和发展。唐代人丁儒在《归闲诗三十韵》（其二）中对唐前期闽南地区民族融合的状况如此描述曰："漳北遥开郡，泉南久罢屯。归寻初旅寓，喜作旧乡邻。……土音今听惯，民俗始知淳。……辞国来诸属，于兹缔六亲。追随情语好，问馈岁时频。相访朝和夕，浑忘越与秦。……呼童多种植，长是此方人。"[3] 中原人大举进入漳泉的同时，将漳州开发成了海滨造船基地。

民国时沿海福、厦、泉、晋、漳等地已形成了城镇人口集中分布的城市带和政治经济中心，周边的"离岛"也较为蕃盛，如金门县后山村一带庶几为泉州人；二是过台民居相互传播影响，如台湾漳州派民居同客家派、福州派的融合。建于清末及20世纪初的客家民居建筑，材料与细部造型上深受闽南的影响。如桃园客家民居普遍运用红砖，屋脊燕尾也近似于漳州式。随着海上贸易的发展，阿拉伯人、波斯人也移至泉州等地，番坊出现，移民社会构成中国际化因素盎然而成。此外，在沿海地区还生活着依舟而居、以水为生的"蛋民"[4]。

[1]
其他为汴京、长沙、京兆府（西安）、杭州。

[2]
福建省地方志编纂委员会.福建省志·大事记[M].北京：方志出版社，2000：33.

[3]
[清]（康熙）彰州府志（卷二九）·艺文.

[4]
蛋民散布于闽、粤、琼诸省，闽地蛋民分布在闽江下游、晋江和九龙江出海口，捕捞生活较原始，长期受到歧视，如不准上岸居住，不准与岸上者通婚，不许进考场。据（民国）《侯官乡土志》载："蛋人以舟为居，以渔为业，浮家泛宅，逐潮往来，随处栖泊，各分港沃，不相凌杂。"

永安县青水畲族乡民居

墨渍，指的是"外来的移民有时候并不占领成片的广大地区，而只是选择其中的一些地点定居下来，然后慢慢地对周围的地区有所浸润，好像在一张大白纸上滴上若干滴墨汁一样"[1]。该群体往往聚集于自然条件优越、交通较为便捷之处或周边，对原核心空间呈围合状。一般而言，人群流动对原先的人居环境产生变化和影响是客观存在的、必然的：一俟新生的聚居点趋于扩展，一方面使其原初环境形态逐渐处于动态发展的过程中，另一方面，原聚落的平面组织和图式犹如墨渍般化开、增殖，形成新旧相融的空间群落，循环回复或此消彼长，墨渍依然。从其历史上人口数量的增减、分布、流向和移民的相关研究中可以看到，移民直接促进了村镇和城市数量的增加、密度的扩张和人口的蕃盛。

三、社会和人居

（一）基层管理

对于政权的领导和巩固而言，就如同大树绵远的根系一般，其建设和维稳等需要通过延伸到每一山区、岛屿等聚居点上的基层来体现。对于历朝政府来说，县级以下无政府——基于执政机构的精练及减降管理成本，政权并不进入乡村。通常是依凭乡村基层组织填补其权力真空——政府仅在重要关卡要冲或繁难处派驻巡检司之类的机构和人员，增强管控力。明清普遍推行里甲制、保甲制的管理体制和系统，主要在于以赋税徭役、社会秩序和治安管理为职责核心。何乔远在《闽书·版籍志》中曾就明初里甲制的构成、形式和管理事项等说道："……里甲之役,图为十甲,以一户丁力相应者为长统:甲首十户,籍在坊者谓之坊长,在乡者谓之里长,岁输一甲见役,专长催钱粮、勾摄公事,及出办上供物料。"在每一乡里,"各推年高有德一人,坐申明亭,为小民平户婚、田土、斗殴、赌盗一切小事"。可见,这种乡间基层的制度设计和高度自治的管理体系、方法,既不用政府成本支出,又能做到大事化小、小事化了,将一干民事纠纷等消弭于萌芽中,这在以农为本的家国治理中堪为实用。只是随着明中叶后吏治的腐败、赋税加重,商品经济的发展以及商人地主的快速崛起,基层社会的矛盾冲突普遍加剧,农民生活困难,里甲演变成不堪忍受的徭役,制度濒于瓦解,起义爆发。

邓茂七起义是历史上首次由租佃关系引发的农民起义。明人指出:"仕宦富室,相竞畜田,贪官势族,有畛隰遍于邻境者。至于连疆之产,罗而取之,无主之业,嘱而丐之,寺观香火之奉,强而夺之,黄云遍野,玉粒盈艘,

[1] 周振鹤,游汝杰.方言与中国文化[M].上海:上海人民出版社,2006:30.

十九皆大姓之物，故富者日富而贫者日贫矣。"[1]嗣后官府检视缘由时也认为系由官绅过分而导致山民的怨懑，"时郡邑长吏受富民贿，纵其多取田租，倍征债息，小民赴愬无所……"[2]上述其实也反映了明初至中晚期闽地社会转捩和变迁的一个侧面。随着乡绅权力的膨胀，乡官中不乏倚势夺田及买卖者。鉴于明早期工商业萧条，许多工商财主遂将资金投向农村土地。将田亩出租给佃户，秋季收成时折收粮食。因形势不靖，乡村地主纷纷进城避难，这样就形成了一个巨大的风险或漏洞：一俟自然灾害、庄稼歉收，矛盾陡然呈现——在佃农们看来，收入菲薄，竟要将一半收入交给城居的地主，岂有此理？农民起义便是这种矛盾发展的结果。尽管明廷取恩威并用之法，于正统十四年（1449）专为其颁诏以平息事态[3]。然其是政府一直未能妥善解决的社会问题，也是包括闽西南和漳泉诸地社会长期处于不安定的症结所在。政府一方面通过调整行政区划、采取更具针对性的举措，如在地广民稠的沙县分设永安县（1451）、漳州析漳平县（1470）、龙岩新析永定县（1478）等，力图将触角延伸到山盘谷阻之处，并强化军事管理和威慑力度，加强应对长期动荡和骚乱的闽西南边界军事力量。另一方面，因平倭抗匪等而兴起的乡族力量历经保家卫乡斗争锻炼后，内聚力空前强化。

乡村自治是政府借助乡绅和享有声望人士的力量，协助实现其治安和管理，各种乡规民约便为治理的本体：一是地方准管理机构的组成；二是自发的制度约定。前者为地方施政的辅助，系自明中后期黄册和鱼鳞册相继崩坏后里甲制度的功用又未能获得有效施行和发挥，故旨要在于补地方管理之厥疏；后者表现为人群的集体认同性和公众参与度的载体,即立足于维护自身生存和发展的基石上,要求乡邑认同居住地、关心爱护家园,保障乡村基层各个方面和环节正常有序地"运转",进一步强化共同的责任。如此,可使人力资源和经济实力得以骤增或集合,或能进一步转捩为绅权的前提。各地乡绅除了人、财方面的实力掌控外,还具有较大的影响力。事实上,在进行社会制动的各种活动如广赡同族、煮粥济药、赈济义捐、筑城御寇等方面——这也为他们控制基层社会提供了契机和空间——承担地方及官吏行使的职权,协助政府,共同控制和管理社会。上述举措如在交通要冲、文化昌盛之处或能产生良性互动,然偏僻山区却未必能奏效,甚至事与愿违。如闽西南暨闽粤赣三省边界地区乡绅利用自然条件和乡族组织控制民众,形成近似对抗政府的力量[4]。

乡绅在应对自然和社会两种环境变化的过程中发挥了不可或缺的作用。从19世纪中叶起中国社会进入了前所未有的变动时期后,商贾们逐渐替代乡绅而为地方社会的重要阶层。大概从明中后期始,有关弃农就商、弃儒就商和致仕就商类的记载屡见不鲜,商人地位提高

[1]
[明]谢肇淛.五杂组[M].傅成,校点.上海:上海古籍出版社,2012:73.

[2]
明英宗实录(卷一七五).

[3]
明正统十四年(1449)诏曰:"其胁从为盗人等畏避罪犯,逃散山林,或奔遁海澳及递年结聚出没为盗,势不能散者,不分首从轻重,悉赦前罪。诏书到日,各安生业。所司照例加意优恤,仍免粮差三年,凡递年但系拖欠公私债务,悉皆蠲免。"(明英宗实录〔卷一七九〕.)诏书显示了政府招抚起义政策的宽大。

[4]
据龙岩《龙邑汤侯平寇碑》所刻:"龙岩为邑,在万山之中,其外提封百里。山穷崖绝,聚落乃建,易为盗薮。……邻南(靖)、上(杭)、连(连城)、永(安)、漳(平),咸岩邑也。尤产023,势能号召役属,则相与交臂为一。其所居层楼碉寨,鹳鹤之所栖也;仄径陡崖,猿猱之所缘也。其所置甲伍副长,虎豹之猛厉也。利矢焱弩,风雨之飘骤也。介意不慊,建旗鸣钲,四出攻剽,汀漳延之间骚然;或偃旗卧钲,休林谷间,则武断乡曲,刻盐纸利以自封。时俗革,上下相縻,疆以边索,犹租赋不事,公匿亡命;若巨盗窃发,连合响应,首为乱区。其天性如此。加以保险负阻,虽健吏武将相属,岂易治哉。"(洪朝选.芳洲先生文集·龙邑汤侯平寇碑[M]//徐晓望.福建通史·明清卷(第四卷).福州:福建人民出版社,2006:411.)

的前提，无非也就是拥有经济实力。明嘉靖年间推行针对本邑的乡规民约，其编设体现了很强的地域性，从乡规民约的诞生到推行，与国家有关地方管理制度的崩坏或缺失有密切的关系。基于国家法规难于细化或深入到不同地区，故着眼于本地实际和切实解决实务的诸类乡约便具有了扩张的空间和合理的解释；持续动荡和诸多繁难也促使朝廷意欲借助地方乡约来整饬和维护社会秩序，建立和重整儒家礼教道统，宣扬礼仁思想。

（二）家族组织

在以血缘关系为基础的继承式宗族、以地域关系为基础的依附式宗族和以利益关系为基础的合同式宗族等三类宗族组织中，血缘和亲缘人群的构成具有较强的集体认同感和向心力，这是因为一方面源自同一宗族严密的血缘关系，另一方面来自内心对祖先的尊崇和族众的友善。从宋代尊祖敬宗、睦族收族，到明清着力于对族众的控制，宋代以后宗法血缘关系的衰微和宗族制的转捩与变化，似可概括为两点，"一是废除关于建祠及追祭世代的限制……使一个族姓所联系族众范围较前扩大。二是宗族关系的政治性质加强。……变成为维护封建统治的基层社会组织"。而血缘关系衰微和门第等级的削弱，"最终根源是封建土地关系的松懈"[1]。然从社会功能方面来看，福建家族组织仍然还是全面的。明中叶后社会矛盾冲突、动荡和地方乱象不绝，使管理者常常力不从心，时常处于失控状态——着力于稳定秩序、保境安民为核心内容的乡规民约的盛行，就具有了特殊的功效和深刻的内涵。

政府对于家族势力恩威相济的偏倚及其力度和弹性历来取决于国力的盛衰，政权对基层社会控制力的减弱和乏力，就更倚重于家族，清道咸时还正式将族权写入了法律条文。《咸丰户部则例·保甲》中规定："凡聚族而居，丁口众多者，准择族中有品望者一人为族正，该族良莠责令察举。"于是，家族力量与保甲组织相契合，成为乡村权力网络的重要环节。上述虽系大多数，乡约范围的涵盖也有一定的局限性，或者，一定程度上也可以认为是族规的放大或延伸。

乡村基层组织中多重的性质和职能表现在安全上，一旦村落或家族利益受到侵犯和危害时，则万人同心，群起攻之，修碉设堡，保乡安族——这在明清和民国时期的福建庶几已为常态：沿海诏安县，"四都之民，筑土为堡，雉堞四门如城制，聚族于斯，其中器械俱备。二都无城，广筑围楼，墙高数仞，直上数层，四面留空，可以远望。各族比栉而居，由一门出入。门坚如铁石，器械毕具"[2]。万历间毗邻的漳浦县埔尾因有坚固的堡垒，使进犯的倭寇束手无策，"……而埔尾

[1] 李文治．明代宗族制的体现形式及其基层政权作用——论封建所有制是宗法宗族制发展变化的最终根源[J]．中国经济史研究，1988（1）．

[2] ［清］陈盛韶．问俗录（卷四）·诏安．

独以蕞尔之土堡，抗方张之丑虏。贼虽屯聚近郊，迭攻累日，竟不能下而去。……自是而后，民乃知城堡之足恃，凡数十家聚为一堡，砦垒相望，雉堞相连。每一警报，辄鼓铎喧闹，刁斗不绝"，在如此情形下，"贼虽拥数万众，屡过其地，竟不敢仰一堡而攻，则土堡足恃之明效也"[1]。除了沿海倭寇持续袭扰，内地山区同样动荡不已。清咸丰年间闽西北和闽中多股聚众，倡乱于大田、永春、将乐、德化、沙县等地。将乐县汤氏奋起守御四境，然"念老稚妇孺无地避难，果何恃而不恐"。于是，"逌经之营之，择乡之西南高阜处，披荆斩棘，鸠工庀材，新筑土堡……"终于咸丰八年（1858）在白莲镇建成墈厚堡。据《墈厚汤氏族谱·靖平岗土堡记》载："……此土堡因名以靖平岗也，犹冀后之人嗣而葺之，世守勿替……"从中可以看到，汤氏构堡和择址考虑到平战结合，生产生活同御匪勘乱相融：战时，因该堡地势险要，北、西北、西南三面陡峭，易守难攻。不过仍然再三叮嘱，"万一世变靡常，勿恃其险而懈其守，同心御侮，众志成城，其斯为千秋之保障也乎"。和平时期，"盖四无危峰逼峙，中复宽衍故也"。居中田土宽衍，不啻族人生计所仰倚。所思所虑，可谓惨淡和长远。

明清八闽土楼寨堡的兴筑，缘由恐不仅仅止于人居和防倭自卫，可能还在于"不少乡族借抗倭御盗之名，趁机扩充私家武装，从而使乡族的经济力量与军事力量紧密配合起来"，使"乡族土堡成了乡族之间强欺弱、众暴寡的有力工具"[2]。以动态的观点看，不同家族囿于自身地理环境的差异、家族组织的相互转化、阶段性特征等因素，赋予了其变迁的复杂性和多样性，虽然近代家族关系的政治性质相较宋元有所强化，但道德基础仍在。以林则徐父辈的大家庭为例，因林父身列簧官，长期游学在外，家中五男，都无生业，殆其父归来，"缘外欠颇多，利息重积，将住屋售人，以偿债务"，其父殁后，"家无一尺之地，半亩之田。既无田产可分，自无阄书可据，兄弟四人，各散谋生，自食其力"。虽然大家庭已然解体，但经济上并未完全阻断，如林则徐长兄过世皆由林捐资料理，还襄助胞侄伙食费等，说明大家庭的道德基础尚存[3]。这一基础余脉，在闽西南和闽南土楼，闽西九厅十八井大屋，抑或闽中土堡、闽南大厝等居住建筑庞大的体形或组合中，其表征依然显明，符号仍旧强烈。

（三）聚族而居

由家族组织衍生的血缘聚落在福建各地十分普遍。位于闽东福安市溪潭镇穆阳溪中游西岸的廉村是一处历史悠久的商埠聚落，从宋大观三年（1109）至宋宝祐元年（1253）的150余年间，接连涌现了17位进士。其中，陈雄

[1]
[清]（康熙）漳浦县志（卷一一）·兵防志[M]//郑振满.明清福建家族组织与社会变迁.北京：中国人民大学出版社，2009：130.

[2]
杨国桢，陈支平.明清福建土堡补论[M]//余英.中国东南系建筑区系类型研究.北京：中国建筑工业出版社，2001：9.

[3]
林阳谷先生析产阄书[M]//郑振满.明清福建家族组织与社会变迁.北京：中国人民大学出版社，2009：27.

一门五进士、父子兄弟俱登高第更是令陈氏后人引以为傲。自唐迄清，科名不止，文风炽盛，全村获各类功名者多达50多人！大约五代时陈姓徙居此地，子孙繁衍，先后建构了陈氏总祠、二祠、支祠，各房诸系旋以各脉支祠为中心环绕。现全村人口两千多人，面积2 700亩。如聚落为多姓组成，则各姓相对集中。如闽西北光泽县崇仁乡崇仁村系裘、龚、王、邱、黄等诸姓繁衍、生息之地，大多为唐末和南宋时经赣入闽的移民后裔。自北迄南的明清古街上依次分置裘氏宗祠、龚氏宗祠、王氏宗祠和邱氏宗祠，诸祠四周环布各姓子孙，构成众星拱月般的构图和格局。族姓集中居处最典型的莫过于客家地区的土楼，大多位处河川弯曲的开阔地中，抑或平地接山地处。群山环抱中拔地而起的座座土楼，一姓一楼，合爨共灶。土楼形体壮硕，体量庞大，雄浑中现敦厚，尤其俯瞰南靖田螺坑、永定下洋镇初溪村等土楼萃集的聚落，数座乃至数十座方圆土楼，连绵错落，高低相间，密密匝匝，共生并置，端为奇丽无比、蔚为气象的人居环境大观，举世无双，无可匹俦。

（四）争夺资源

人多地少、民系众多、信仰差异、商品经济发展、政府管理乏力以及权力下行等诸多因素，导致明清福建地区矛盾迭现，其中，争夺资源是突出的焦点之一。从历时性上看，唐末五代是闽西土客之争的第一次高峰，或许也正是基于争夺进而催化了汉人禅师信仰的形成；移民最大的高潮——两宋之交入闽与闽西土客之争第二次高峰符合若契。一个无

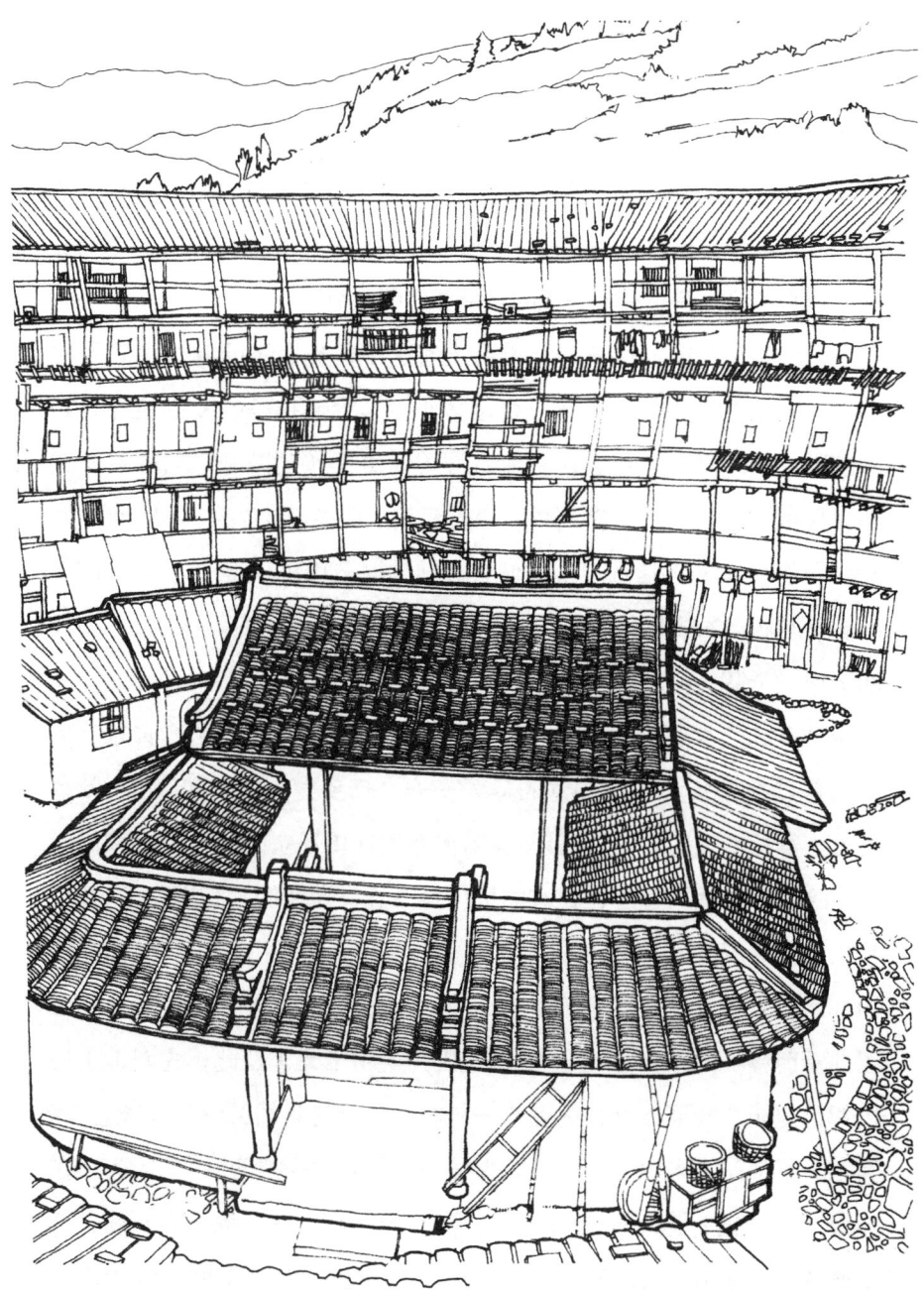

南靖县书洋镇下坂村裕昌楼

可置疑的事实是，土地田亩的制约———俟人口与土地比例失调之时，商业化便盛行其道，社会紧张因素凸显，出现远走他处、析产分居、争夺土地，再分配诉求，乃至械斗、暴动等围绕资源争夺的现象，都想获得理想的环境，争夺有限资源的斗争便在所难免。

  农村血缘村落冲突不断，既有土客之争，也有不同族姓之间的冲突，或大族欺凌小族、小族联合诸多小姓与大族抗争的乡族械斗。如闽南因"闽地环山负海，民俗素称强悍，每因雀角微嫌，动辄聚众械斗，甚至拆屋毁禾，杀伤人命，通省皆然，惟漳泉尤甚"。不同族姓如此，同姓间也不乏其例。如连城县武北地区蓝氏围绕蓝大一郎公祠堂的有份与否，"源头、江坑、中湍三个蓝姓村落为一方，大禾、贡厦、湘坑坝三个蓝姓村落为另一方，展开了大规模械斗，双方各死亡一人。这场械斗的直接原因是蓝大一郎公祠堂的有份与无份问题，实际上争论的焦点却是蓝大一郎祠堂的蒸尝——'三乡尝'的归属"[1]。毋庸赘言，谁拥有"三乡尝"，就意味着派系的嫡传正宗，利益上将获得优化。除了诉诸武力之外，也有曲折巧妙而且长期性的"演进"。连城县培田村位于丘陵和溪流间的河谷盆地上，在三面环山的狭长河谷上枕山环水面屏而建，扇形分布，是理想的居处。然聚居于此的吴氏经历了曲折而漫长的"经营"。据称，吴氏始迁祖于元末至此，先向地主魏氏购地定居，复娶其女儿为妻——与魏氏联姻是其间关键的步骤，"因为魏氏原来就是当地土著，可以为吴氏提供必要的帮助"[2]。因为"在吴氏迁来之前，这里已有林、曹、马、谢、翁、聂、赖、吴、魏、黄十姓人家，但由于吴氏家族日益兴盛，其他各姓都陆续灭绝或迁走了"。经过数百年的发展,终成吴氏单姓村落,差可视为后来者定居演进的模式之一。有关先到后来、土客之争之类很大部分的动因在于占有耕地。从培田村吴氏祖先从开拓到守成保基,所谓的八胜就是前后修补改造的结果。尽管如此,清末吴氏后人仍认为尚有不完善之处,其目标就是包括松树岗一带非培田吴氏所有的山冈边界,遂提出了风水改造的方案,计划借助改河流向和后龙山的形势——在有限的生存空间和资源中,经营风水成了控制生态资源和生存空间的有效途径和有力工具。

[1]
刘大可.田野中的地域社会与文化[M].北京:民族出版社,2007:41.

[2]
郑振满,张侃.培田[M].北京:三联书店,2005:32—33.

第三章 / 文化和人居

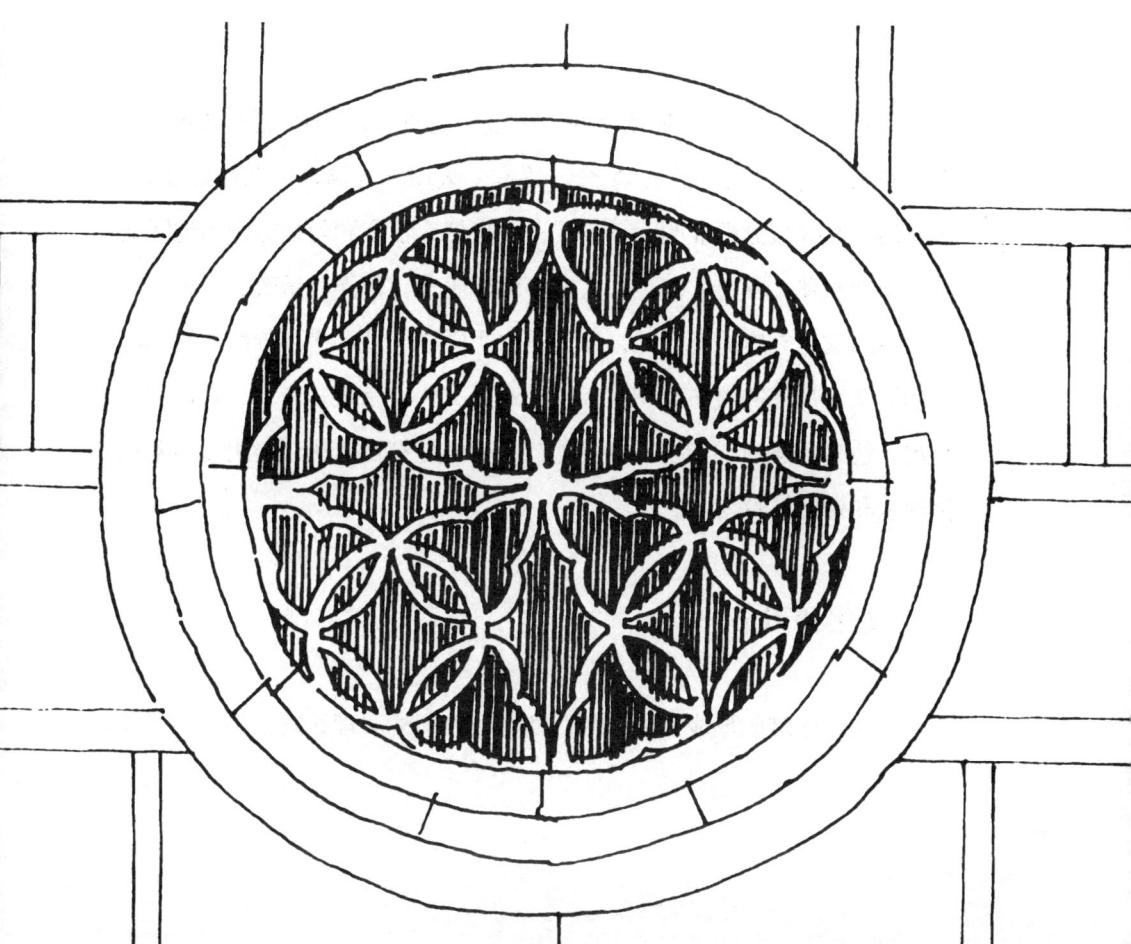

中原汉人入闽同土著民众融合程度、时期、环境和交通隔绝等因素，使闽地的习俗、信仰、观念、语言、人口和人居环境以纷繁复杂、多元格局和区域分野显明而著称于世。自然、语言和习尚等作为地区文化的主要载体，同文化特色、人居环境相表里，海洋、垦殖、山林、科举等不同文化向度的主导性，和晋唐宋明中原北地脉络及传统礼制的滋润和沾溉，风尚的流布和积淀，以及对外文化、宗教、商贸、人员等的交流、往来、碰撞和杂糅，形成了八闽传统建筑及人居环境明显的差别化现象和梯度性特征。

一、文化和习俗

在文化区域的形成和体认中，共同或相似的心理认同基础是不可或缺的一个基本因子，章潢有云："今之天下四海九州，特山川所隔有声音之殊，土地所生有饮食之异，小小习尚不同，谓之土俗可也。"文中的"山川所隔"当为自然区域，"土地所生"可理解为自然景观，"声音之殊"则指方言，"习尚不同"为风俗，三者构成了地域文化和风尚的主体条件。

无时无刻变迁的文化因素伴随人类的产生而发展，文化内容或结构的变迁表现为新文化的增加和旧文化的变易。这种变易既有新陈代谢和环境决定论的解释，如汀江流域宁化、清流及连城，包括粤东的大埔等地，其经济、社会、信仰、文化和建筑及人居环境等方面具有相对的趋同性。而社会、文化现象的地域分异，又在一定程度上作为自然现象地域分异的继续。对此，古人已有所认识。明清谢肇淛、王士性、顾炎武等对此均有类似的考察和论述。如谢在述及各地人群性情和特征时有云："新安人近雅而稍轻薄，江右人近俗而多意气，齐人钝而不机，楚人机而不浮，吴、越浮矣而喜近名，闽、广质矣而多首鼠。"[1] 即便在同一省内，基于各种因素的作用又各具特

[1]
［明］谢肇淛.五杂组［M］.傅成，校点.上海：上海古籍出版社，2012：69.

征,这在商品经济普遍发展的明清时期更加突显。如作为物资和谷粮输出地的闽北,社会经济特征为勤务农、力稼穑,固本守基,方志中所记也多是"地多险阻,田宜稻,山宜茶,民惮远出"[1],"奇技淫巧,不接于目,故工安其拙,舟车不通,故商贾不集"[2]之类,在农本主义思想观念支配下,虽也不乏商人,但业贾者多为外乡人,如建瓯茶"利权唯浙人操之"[3],山林中物资"多豫鲁泉汀邵之民"[4]等——这与泉漳等沿海普遍业贾形成了鲜明的对比。故王世懋在《闽部疏》中指出两地士风的差别所在:"闽西诸郡人皆食山自足,为举子业不求甚工。漳穷海徼,其人以业文为赘,以舶海为恒产,故文则杨葩而吐藻,几埒三吴,武则轻身而健斗,雄于东南夷,无事不令人畏也。"[5]所谓"一方水土养一方人",就是对不同地域人群等特征等而作的模糊而总括性的表述。

宋庆历五年(1045)蔡襄知福州力倡移风易俗,作《戒山头斋会碑》《教民十六事碑》立于虎节门,大力提倡厚养薄葬。海滨闽人皆习于海,富于冒险精神,"海上操舟者,初不过取捷径往来贸易耳,久之渐习,遂之夷国,东则朝鲜,东南则琉球、旅宋(即吕宋),南则安南、占城,西南则满剌迦、暹罗,彼此互市,若比邻然。又久之,遂至日本矣。夏去秋来,率以为常,所得不赀,什九起家。于是射利愚民,辐辏竞趋,以为奇货,而榷采之中使利其往来税课,以便渔猎……"[6]闽北、闽中山区乡民则多抱残守缺,不断地重复着祖先们的劳作,不太情愿远离在兹念兹的家园和耕读方式。

闽俗中最为人稔熟的首推茶事和茶道。既为茶之王国,对饮茶自然独钟。闽南人嗜乌龙茶，福州人好花茶，闽北人以乌龙茶和绿茶居多，闽东人则喜绿茶。从茶具、水质、用茶种类，到斟饮的各个程序、步骤等均十分考究。唐宋时兴的"斗茶"之风仍历历可寻。其中，又以闽南茶道、客家擂茶最见堂奥。据《闽杂记（卷一〇）·功夫茶》记载，清代"漳、泉各属，俗尚功夫茶。器具精巧，壶有小如胡桃者，名孟公壶；杯极小者，名若琛杯。茶以武夷小种为尚。有一两值番钱数圆者。饮必细啜久咀，否则相为嗤笑。或曰功夫乃君谟之误，始于蔡忠惠公也……故尚此茶，取其饮不多而渴易解也"。喝茶时"彼夸此竟，遂有斗茶之举。有其癖者，不能自已，甚有士子终岁课读，所入不足以供茶费"[7]。又据《龙溪县志》载："灵山寺茶，俗贵之；近则远购武夷茶，以五月至。至则斗茶。必以大彬（时大彬）之罐，必以若琛之杯，必以大壮之炉，扇必以琯溪之箑，盛必以长竹之筐。凡烹茗，以水为本，火候佐之。水以三叉河为上，惠民泉次之，龙腰石泉又次之，余泉又次之。穷山僻壤，亦多耽此者，茶之费岁数千。"[8]

[1]
[明]何乔远.闽书（卷三八）·风俗志.

[2]
[清]（光绪）邵武府志（卷九）·风俗.

[3]
（民国）建瓯县志（卷二五）·实业.

[4]
[清]（乾隆）政和县志（卷二〇）·礼俗.

[5]
[明]王世懋.闽部疏[M].北京：中华书局，1985：13.

[6]
[明]谢肇淛.五杂组[M].傅成，校点.上海：上海古籍出版社，2012：65.

[7]
[清]（道光）厦门志（卷一五）·风俗记.

[8]
[清]（乾隆）龙溪县志（卷一〇）·风俗杂谷.

饮茶者尽知水、火、茶具三要素。茶具中的壶、杯、盘，或方，或圆，或扁，款式多样，闽南人以为茶具越用越好。水，以泉水为佳。火，则以炭火为主，烧水至"三沸"再置于"盖瓯"中冲泡。以时"茶房四宝"即潮洲炉、开水壶、小茶壶、小茶杯仍为闽人必备。饮茶既升格为道，当然不仅于上述。除"饮"之外，还尤重"品"，要眼、鼻、口并用，色、香、味同辨；品时，小口相呷，形如啜酒。"品""饮"过程，进退有序，出入所仪[1]。

家族村落，血缘单姓家族性村落与多姓、杂姓村落最大的区别在于前者的秩序呈现在空间结构、形态格局、大小宏微等，都彰显等级、尊卑和高低等各个方面。单姓家族性村落因规模、居住地地理条件的不同而呈现出多样的格局和空间特征。既有闽西南大型方圆土楼形貌，也有闽中山地丘陵间的各类土堡等，各具特色。从历史发展方面看，大家族日益减少和小家庭渐趋增多成为总体趋向[2]。莆仙的建筑既有泉州注重外部装饰的特点，也有福州大厝的威势，在纵向多进式合院中，不乏追求规模气派、注重炫耀外观藻饰的习俗，花哨烦冗。如莆田江口镇港后村佘宅，以主体建筑围合成前后庭院，后院正房、厢房均为两层楼居，正房五开间，同厢房连接处布置楼梯间；院前两层高门亭围合，二楼有回廊相通。相较于气势宏敞的后院，前院空间颇显逼仄，两侧为低矮的辅助用房，入口大门于东侧，前院南墙中轴线上一汪碧池前建凉亭，甚是奇特。佘宅外观藻饰富丽，红砖砌墙，点缀若干白色岗石，建筑飞檐翘脊，檐下构件装饰精细；室内以瓷砖拼贴成图形，施彩华丽，彰显了烦冗瑰丽的景象，以及华洋合璧的魅力。

二、宗教和信仰

唐末五代的福建俨然成为全国佛教的中心之一，宗教信仰普遍且发达。据《宋史》称："其俗信鬼尚祀，重浮屠之教。"[3] 志书中也记载道："闽俗好巫尚鬼，祠庙寄间阎山野，在在有之。"[4] 尤其宋初时福建僧人竟达七万多人，约为全国的六分之一。宋元时还成为海外宗教的传播中心，摩尼教（明教）、伊斯兰教、基督教在闽地信徒无数，朱元璋也曾借助明教等民间宗教之力推翻元蒙。明朝江山稳定后又不遗余力挤压明教，今日福建各地已很难寻觅其场所及遗痕。自唐迄明清，道教曾数度风行。还有"不知所出"的拿公庙、海神天妃（妈祖）庙，以及临水夫人庙、云夫人庙等。作为中国首个信俗类世界遗产，妈祖信俗在闽、浙、粤、港、台、澳、琼、苏、鲁、辽、沪、津等沿海省区广为流布，传播至环太平洋的日本九州、美国旧金山、澳大利亚东岸、菲律宾、马来西亚、印尼等国家和地区，自宋迄

[1]
在闽北和闽西北的客家人山区中，还盛行一种古朴奇特的擂茶习俗。与闽南人小杯细啜不同的是，客家擂茶则用大碗，风格迥异。其茶用茶叶（或茶梗）、生姜、芝麻、爆米、油盐等混合，经水浸后置钵内，用"擂棒"擂成糊状，将之放入茶碗中搅匀，再入沸水，擂茶始成。

[2]
如明初为保证一定的军户和盐户，鼓励民间分立户籍。编为军户意味着分家析产是不可避免的，而军户来自抽丁或罚充，具有一定的强制性。明初打击富户的政策也对闽地大家庭产生了威胁，促使其提前分户。

[3]
［元］脱脱，等.宋史（卷八九）·地理志.

[4]
［明］黄仲昭.八闽通志［M］.福州：福建人民出版社，2006：501.

清已越千年。明人有云:"大凡吾郡人尚鬼而好巫,章醮无虚日,至于妇女祈嗣保胎,及子长成,祈赛以百数,其所祷诸神亦皆里妪村媒之属,而强附以姓名,尤大可笑也。"[1]明嘉靖三十年(1551),莆田人林兆恩将儒释道三教理论体系合而为一,倡立"三一教",所著《林子三教正宗统论》创立了较系统的三教合一思想体系,成为历史上三教合一思想的集大成者。

三、观念和人居

(一)风水

古代先民历来重视对自然条件的选择,如山地丘陵地区面南迎水处往往土地肥沃,有裨于农事效率和水利的通畅,显然,初期的择址要义与宋明理气、形势流派的主张诀旨含有因果。也许是南方的山川形胜和自然条件与堪舆择址的要义颇多契合之处,或者说形胜是风水术得以广为流布的一个重要契机。堪舆从最初简单的择址相地,到追求和探寻理想栖居环境的长期实践中,逐渐形成了形势派和理气派两种不同的流派,在建筑、村落、市镇、城邑都鄙的规划经营、实际运作等方面彰显出举足轻重的作用,也统摄着农业社会时期乡村城邑的宏观结构和地表图景。谢肇淛曾指出:"惑于地理者,惟吾闽中为甚,有百计寻求,终身无成者,有为时师所误,终葬败绝者。又有富贵之家,得地本善,而恐有缺陷,不为观美,筑土为山,开田为陂,围垣引水,造桥筑台,费逾万缗,工动十载。

譬人耳鼻有缺而雕垩为之，纵使乱真，亦复何益？况于劳人工，绝地脉，未能求福，反以速祸。悲夫！"[2]

实际上，源于中国古人对天、地、人、宇宙等独特和泛化的认识和观念，被后世诸学说所发挥。在"人与天地相参"类观念的支配和思想指导下，将地理特征附会于女性身体、生育能力的诸般样式得以流行。如以地形象征女阴和乳的"美女献花形"，笃信若在类似"女阴"和"乳房"处卜居生息，必然人丁兴旺。长期的农业生产实践活动使人民对地理、气候特征等积累了丰富的经验，背山面水类确实对农业生产和人居颇多裨益。问题是山脉山地、高原、丘陵、盆地和平原的空间分布和比率也决定了"风水宝地"资源的有限性。在有限的资源面前，庶几为两类：一是先到先得，率先发现继而躬耕于斯逐成村落；二是强者逻辑使然——经过长期的努力，逐渐渗透其间并最终化为自己的天地。作为"强者的逻辑"和"强者的哲学"，在"风水宝地"竞争中的获胜者"为了证明自身的正当性、合法性和永久性，往往会使用种种方法，利用其神秘性和可变性

[1] ［明］谢肇淛.五杂组［M］.傅成，校点.上海：上海古籍出版社，2012：275.

[2] 同上：107.

华安县仙都镇大地村二宜楼鸟瞰

等来完成自我确证，进行他证。结果，风水作为证明'成功者们'自身正当性、合法性的手段，也使自己得以强化"[1]。解释和手段中掺杂的众多隐喻不啻契合了众生的愿望：以乳房、阴部为象征既反映了女祖和生殖崇拜、对旺盛生育能力的期望和人丁兴旺的渴求，与人思维深处的"相似性"契合想象的合理性，又体现了思维的原始性和模糊性[2]；承载的比附、生辰八字、命相属性，以及人丁兴旺、出世冠棠等期待，借助繁复晦涩的文辞和图形，呈现在诚惶诚恐而又满心希冀的众生面前——无法理解或似懂非懂的结果，再度强化了膜拜风水解释的力度。

基于理想化的诉求，对原生态环境进行显微大小不一的"改造"在所难免——经年累月、持续不辍以符合"最佳模式"改造既破坏生态环境、劳民伤财，又减缓或降低了财富积累的水准或标准。另一方面，受正统儒家文化的濡染的士夫们秉承儒家不事鬼神的圭臬，亦大多处于观望状态——"讷于言"的结果便是，拱手相让原本属于自己的话语权系统而任其蔓延。如此，在有限的资源和众人的期盼之间便存在着一个巨大的矛盾。这个矛盾伴随着农业社会发展长时期的历程。当然也有例外。长乐人谢肇淛就是一位不事、不信堪舆的士夫，其言一针见血，切中肯綮："世间最不足信者，禄命与堪舆二家耳。盖其取验皆在十数年之后，任意褒贬以自神其术，而世人喜谀觊福，往往堕其术中而深信之。余尝见此二家，有名倾华夏而术百无一中者，大率因人贵后而追论其禄命，因家盛后而推求其茔，意之不得则强为之解，以求合其富贵之故。甚矣，人之惑也！"[3]

（二）耕读理想

通常而言，影响中国人精神层面的因素无外乎地域文化、家族文化、儒释道。还有些亚文化形态如隐逸文化、耕读文化等影响人的思维和生活。耕读文化系一种半耕半读、耕读相融为主要方式和价值取向的文化观，体现了一种自觉的文化追求。近世的各种隐逸虽然已失《桃花源记》中所阐发的纯粹性，然而倾心于文化思考的创造、精致入微的自然山水和乡村的体悟则是一脉相传的，这种建立在文化素养和生命敏感之上的生活情趣对于今人而言可能是一种难以企及的示范，对乡土景观和闲情逸致的追求已从隐者、诗人们颇具精神仪式的象征性意味中幻化成平民阶层的活动。对于理想生活的构想，无论是个人生活，还是社会秩序，要义在于安宁和闲适——恬淡安然、耕读传家和静谧冲和的环境，也自然地成为农耕人群和士夫们向往的一种归宿和寄托。

传统文化思想作为避世隐居观的助推力，使人们长久地醉心于自然之美中，建筑仅是生活上的实际需要而已，其旨应在于与自然契

[1]
刘大可.田野中的地域社会与文化[M].北京：民族出版社，2007：241.

[2]
中国传统文化学术中思维方法主要是"无类比附"，由此逻辑方法推导出的结论通常偏向简单和模糊。李约瑟曾指出古代中国"只有原始型或中古型的理论"，其意义也主要认为中国古代缺乏方法论，长期地停留在经验层面。（参阅[英]李约瑟.中国科学技术史（第一卷第一分册）[M].《中国科学技术史》翻译小组，译.北京：科学出版社，1975.）

[3]
[明]谢肇淛.五杂组[M].傅成，校点.上海：上海古籍出版社，2012：100.

合，宜贯彻在择址相地、经营和规划建设的具体活动中，并视为一种标准和境界。然而基于匪患猖獗，各地修堡建寨使聚落增加安全性也成为迫切，如大田县《镇中堡志》序中所记："……观夫当今之世，偷安日少，战兢日多，数年之间干戈抢攘，家室靡宁，奔走不遑，民之流离失所者繁矣，家之十室九空者屡矣。近来又有绿林四处云集，昏夜出没无常，吾乡莲花寨虽云险峻，而僻于水尾，即或有危之际，搬运不及，奚暇御寇。兹合乡会议於中央洋整作立一堡，号镇中堡，焕然一新。一以关风水，为上流砥柱；一以镇中央，为方之犄角。有警则上下相闻，无事则安闲自适，耕耘诵读，各得其便，定人心和地利者矣。"序中的"……无事则安闲自适，耕耘诵读，各得其便，定人心和地利者矣"云云，道出了修堡建寨的手段和目的；强调："凡我宗孰邻，务要协力共事，随分地出银，遵众论架屋，经之营之于日成之，为子孙长久不拔之基。"

　　安土重迁的生产观和趋于保守、重复的心态或甚为缓慢的循环节律，使乡村风貌和住宅庐舍与原址上的形态、建筑物等变化缓慢，而赖以生存的田亩阡陌和乡土景观中的山水形胜，周而复始的春华秋实，春荣秋枯，四季变幻成为"年年岁岁花相似，岁岁年年人不同"般的生命感喟、节令的更迭和图景的重复再现；并不愿意离开已经稔熟的耕读方式以及田园景观；纵然因"地狭人稠"类原因外出业贾经商等，其生活的智慧或历史局限常表现为既不完全依赖于土地，也不彻底离弃故土。近代商品经济的发展和渗透，破坏自然、戕毁生态也渐趋明显，既有生产的不当和无序地伐木垦田，也有对于庐舍的建、毁、建的无休止循环和重复；资源开发中的林区竹木资源成为众矢之的，致使林业植被、生态资源遭受重创，伐、运、销途径的建立，加速了资源消耗的速度。以经济为圭臬思潮的鼓涌，也使得部分发家致富人群忽视田亩的重要性，僭越祖先遗训，盲目扩张住居占地面积，损毁耕地资源。

四、方言和人居

（一）闽方言

南宋后基本形成的汉语七大方言即北方方言、吴方言、湘方言、粤方言、闽方言、赣方言和客家方言，其地理格局大致为：北方方言分布于长江及湖南雪峰山一线以北和以西的广大地区以及九江和镇江一线的江南沿岸；吴方言分布于除镇江以西的苏南、上海和浙江地区；湘方言分布于湖南湘、资流域及广西东北隅；粤方言分布于粤中、西和广西东南部；闽方言分布于除闽西区域的福建、粤东南、海南和台湾大部；赣方言分布于赣北、中及湖南东缘；客方言分布于粤东北、赣南、闽西及川、桂、湘、台部分地区[1]。福建方言庶几囊括了

[1]
周振鹤，游汝杰.方言与中国文化[M].上海：上海人民出版社，2006：6—7.

除湘方言外的几大重要方言。例如闽浙毗连处的吴方言、闽赣交界地区使用赣方言、闽粤接壤的部分地区使用粤方言等，此外，在闽西北一带还有北方方言流行的地区，也就是所谓的北方方言岛。主要的还是闽方言和客赣方言。

闽方言是福建最主要的方言，可分为闽东、闽北、莆仙、闽中和闽南共五个方言区。

闽东方言区以地处闽江下游的福州话为代表，形成该方言区的县市有闽侯、长乐、福清、平潭、闽清、永泰、连江、古田、罗源、尤溪、宁德、福安、霞浦、福鼎、周宁、寿宁、拓荣等。使用该方言的人群众多，地域广阔，通常又有南北亚区之分：南区以闽清、永泰、连江、古田、罗源、尤溪等为主，北区以今宁德市辖境内的福安、霞浦、福鼎、周宁、寿宁、拓荣等为主。早期的闽北方言包括闽江上游流域，宋代后以建瓯话为代表，主要县市有南平、建阳、武夷山、松溪、政和、浦城和顺昌。和闽东话一样，闽北方言也分为东西两片：东片建瓯话较具代表性；西片差异较大。

莆仙方言分布于木兰溪流域的莆田、仙游两地，以莆田话为代表。莆仙方言一如其历史、文化和建筑一样，具有自身鲜明而独特的体系，内聚性强，极具方言意识。

闽中方言区分布于永安、三明和沙县三地，以永安话为典型。系从闽北方言体系中分化而来，也受到闽南方言和闽西方言的影响。

毫无疑问，闽南方言是最大的方言区，也是使用人口最多的语言,约占全省人口的半数以上。初期闽南话以泉、漳两地为主。近代随着厦门崛起,遂以厦门话为代表。因明清时闽人过台以泉、漳为主,故其也是今台湾的主要语言。闽南话是福建方言中稳定型的类型,不仅表现在使用人口上,而且也是与普通话处理得当的方言,在双语制中保持活跃的方言,使得运用闽南话和对外地人交流用普通话自如[1]。历史上该方言区与外埠交流最为频繁和密切,人群观念较为新颖和开放,建筑和人居环境中融入外来因素也颇为普遍。以石狮市彭田村蔡宅为例,该宅平面布置仍为传统的三合院式,但已由单层演变成两层,侧旁另加建了单层护厝。宅院的中西合璧:一在于正立面的处理,如果说素白花岗岩勒脚、红砖拼镶外墙和内凹式的入口等均体现了地方传统做法的话,那么,一、二层西式的壁柱、拱廊、瓶状栏杆等无疑属于舶来;二是通体红砖墙、红色壁柱、拱廊等在色彩上赋予了统一完整的意向,还有曲线形山墙及灰塑、各不相同的柱础、线脚以及起伏优雅的外轮廓和天际线等,表达了融中西为一体的实践和期待。

[1]
包括厦门、泉州、漳州、晋江、金门、南安、惠安、永春、德化、安溪、同安、大田、龙岩、长泰、华安、南靖、平和、漳浦、云霄、东山、诏安、漳平等县市,以及毗邻的广东潮州、汕头、潮阳等部分县市。

(二)闽客方言

除了闽方言及五片方言亚区外,西部还有客赣方言区。该方言区大致也分为闽客和闽赣两片亚区。闽客方言区包括长汀、宁化、清流、连城、上杭、永定、武平、平和、南靖,以长汀话为代表。此地客家人聚集,南片的闽西与南缘的粤东北的梅县话同属客家语片区。

闽赣方言区使用区域为邵武、将乐、明溪、光泽、建宁、泰宁等县市,系从闽北方言中蜕变而成,早期间杂有赣方言,近代赣方言影响渐弱、普通话渐强,属驳杂和稳定型方言之一,以邵武话为代表(表4-1)。

表 4-1 福建方言区划分表[1]

类别	方言区(岛)代表点	方言片(代表点)	分布县(市)
闽方言	闽东方言(福州)	南片(福州)	福州、闽侯、长乐、福清、平潭、闽清、连江、罗源、古田、屏南
		北片(福安)	福安、宁德、周宁、寿宁、柘荣、霞浦、福鼎
	莆仙方言(莆田)	北片(莆田)	莆田、涵江
		南片(仙游)	仙游
	闽南方言(厦门)	东片(厦门)	厦门、金门
		北片(泉州)	泉州、晋江、南安、惠安、永春、德化、安溪、同安、大田(西南部)
		南片(漳州)	漳州、龙岩、长泰、华安、南靖、平和、漳浦、云霄、东山、诏安
		西片(龙岩)	龙岩、漳平

（续表）

类　别	方言区（岛）代表点	方言片（代表点）	分布县（市）
闽方言	闽中方言（永安）	南片（永安）	永安、三明市列东、列西
		北片（沙县）	沙县
	闽北方言（建瓯）	东片（建瓯）	建瓯、松溪、政和、南平（大部）、顺昌（东南部）
		西片（建阳）	建阳、武夷山、浦城（南部）
	闽方言过渡区	南片（大田）	大田（中部）
		中片（广平）	大田（西部）、尤溪（西部）、永安（东部）
		北片（尤溪）	尤溪（大部）
闽方言与客赣方言过渡区（将乐）		北片（将乐）	将乐、顺昌（西北部）
		南片（明溪）	明溪
客方言	闽客方言（长汀）	北片（宁化）	宁化、清流
		中片（长汀）	长汀、连成
		南片（上杭）	上杭、永定、武平
		东片（九峰）	平和（西沿）、南靖（西沿）、诏安（北沿）
吴方言	浙西片边界方言（浦城）		浦城（中北部）
官话方言	南平方言岛		南平（市区、西芹镇）
	洋屿方言岛		长乐洋屿琴江满族乡

[1] 李如龙.福建方言[M].福州：福建人民出版社，1997：83—84.

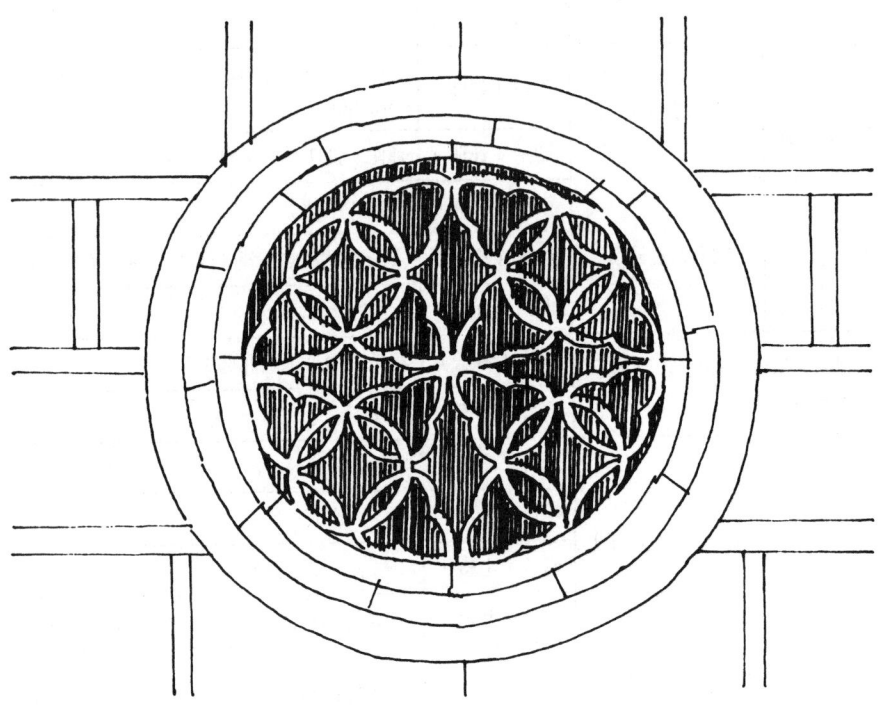

武夷山市下梅村民居窗饰

五、方言与建筑类型

福建方言复杂而特殊，具有历史悠久、流播广泛、纷繁复杂、保留遗存大量古音古词以及为东南亚诸国和琉球所借用等诸项特点。早在清雍正七年（1729）政府就已意识到辖境内方言多歧，于管理和统筹弊多于利，为消弭其间的沟壑，全省还设立了近80所正音书院，以学习官话为职。20世纪下半叶政府仍不遗余力地推广普通话——"普通话"的底里就是要普通而摒弃特殊——语言一旦普通化，交流障碍自然消弭。不过，方言的形成和变异是漫长和特殊的，不啻是区域文化的基因组之一，改造或淡化并非朝夕之功。结合方言和民居类型结合度考察的话，以前因循行政区划界分福建的民居类型，其粗硕和生硬是显而易见的；或从文化、地域等方面的归类，优于前者但疏失仍存。也许结合对方言及区域的考察，是值得重视的一个向度。那么方言与建筑有关系吗？它们之间的关联度如何？是否存在对应关系？这是困扰学界的一个现实的难题。以往的宏观区域建筑文化划分，将建筑的区系类型通常分为越海系建筑区、湘赣系建筑区、闽海系建筑区、客家系建筑区四大部分。其中，闽海系由闽东、莆仙、闽南、潮汕和闽中北构成；客家系建筑文化区横跨闽、赣、粤三省，由粤东梅州、闽西汀州、粤北和赣南组成。若结合方言分布和自然、地域因素等，其民居大约由六大区域组成：闽南民居、莆仙民居、闽东民居、闽北民居、闽中民居、闽西南民居。即闽南方言对应闽南民居，莆仙方言对应莆仙民居，闽东方言对应闽东民居，闽北方言对应闽北民居，闽中方言对应闽中民居，客家方言对应客家民居（闽西和闽西南）。

  方言区对应民居形制及其类别、特征的界定和划分具有相对性，即相对的合理性。每一方言片区对应的民居区域中，通常核心区较为纯正、对应契合度较高；反之，边缘或交叉区较为模糊。如闽南方言区北片的大田、尤溪、德化等，远闽南而近闽中，辖地中土堡同闽中大致无二。再如闽东方言北片的福鼎、柘荣等地，民居形制同浙南泰顺等地近似，与福安有一定距离。至于同一方言区南片的福州、长乐、福清等相比较，差异就更趋明显。

第四章
/
闽在海中

虽说东南海隅的福建至少在东汉时虽早已归入汉刘天下的版图，然在天下的传统意识中却仍似一片孤悬海上的化外之地。宋代贸易转向海外，沉重的帷幕方得以开启，经济和文化的双重性渐次凸显。如果说三面环山造成其山区腹地经济和社会发展的闭合性以及呈现内陆河谷文化特质的话，那么海疆却为之提供和创造了广阔的海洋空间和蓝色文化的一方新天地。宋明皇家海权时代和民间海权力量的兴起，成就了大航海时代。与内陆小农业与家庭手工业相结合的耕织经济形态构成、较少与外界交换流通相对应的是，沿海在航海交通、海外商贸及对外交流等方面却十分活跃，不仅成为地区经济生活的主体，而且在建筑人居环境方面烙印了痕迹；海洋，不仅是古代八闽经济和社会发展绕不开的话题，而且也深刻地影响着国家的政治、经济、贸易、军事和外交；近世闽地及其临海，成为全国的焦点区域。

一、航海交通和贸易

先秦文献《山海经》第十《海内南经》中有一段记载:"海内东南陬以西者,瓯居海中。闽在海中,其西北有山。一曰闽中山在海中。三天子鄣山在闽西海北。一曰在海中。"这段文字解释和猜测多样,一般认为所述大体分布于闽、浙、粤、赣地区,尤其是闽、浙一带。从历史发展的大尺度看,闽人与海洋颇有渊源:汉代不仅开辟了丝绸之路,同时也开辟了通往印度的海上通道,交趾七郡进贡东汉朝廷的贡品均取道东冶(今福州)泛海而至;入唐后福、泉成为南移和北上海上交通线的中枢和两个造船基地;唐末后海路成为中外交流的主要渠道,对外交通和贸易也从此跨上了一个新台阶,迈向了面朝海洋的新征程。唐文宗时高僧般怛罗来福州传法等——说明此地不仅与东北亚的日本联系密切,而且与南亚印度、东南亚印度尼西亚、苏门答腊古国三佛齐等地来往频繁,还有络绎不绝的波斯商人。王审知主闽的五代十国时期开辟闽越海道,促进对外交通,招徕海中蛮夷商贾;在福州港设榷货务,泉州港则保持"岁发蛮舶"的态势。

宋高宗号召对外开放,以开拓海疆为发展战略。自此,中国人与阿拉伯人一道控制了印度洋的海权,故日本内藤湖南有云,唐朝是中世纪的结束,近代化开端在宋朝。元朝廷意识到海外联系的重要性,遂鼓励发展海外交通,泉州与东起日本,南至南洋,西至印度、阿拉伯、东非海岸等约40国保持着经贸往来。如果说宋朝海洋发展的目标是"重商",那么,明朱棣则更渴望海权。永乐三年(1405)至宣德六年(1431),郑和率舟师从长乐太平港出使南洋(今西南太平洋)、西洋(印度洋)、东非索马里和阿拉伯等共39个国家。这是明代全盛时期的壮举,也是对外交往史上的一件大事。郑的随员马欢、费信曾将经历编成《瀛涯胜览》《星槎胜览》两书。遗憾的是,郑和舟师到过红海,却未入地中海;沿非洲大陆东岸南下,未曾绕过好望角,驶往大西洋。不过,海上交通的发展使原初各自孤立的经济区域的联系逐渐扩大了,海外贸易不仅改变了福建的经济和商品结构,也直接促进了东部沿海地区外向型经济成分的增加,增进了与各国在诸多领域的互信、包容和交流。

王氏治闽,在福、泉发展贸易经济,实际上这一转折性变化恰与国际贸易体系的转型相契合。研究者指出,降至唐末,西太平洋沿岸和印度洋沿岸由海路连结,逐步形成了中世纪东方世界庞大的贸易网络,福建积极参与其中的结果是,直接导致了沿海经济从捕捞型往海洋商贸型为主的转变——这一模式转变使得海洋经济不再仅是沿海社会经济的某种补充,它所进一步促动的福建,特别是沿海地区一系列的变化具有根本性的意义[1]。元祐五年(1090)前闽商至高丽贸易次数是广州、台州和明州(今宁波)贸易次数总和的一倍。据开禧二年(1206)成书的《云麓漫钞》记载,其海船已与大食、嘉令、麻辣、新条、甘杯、三佛齐等30多个国家或地区发生了商贸关系。

毋庸讳言,海上贸易的商业利润丰厚可观,王闽政权利用海上贸易而来的经济实力、物质基础,不仅初步培育了海商阶层,而且奠定了其地位。宋代大宗商品为陶瓷,起点在瓯江上游的龙泉窑,出海口在温州。从温州出发如下西洋,则往泉、广两地转口。基于南宋倾力经略海洋,使"陶瓷之路"的空间分布范域远比"丝绸之路"更广,贸易顺差不断扩大。《建炎以来朝野杂记》中载曰:"渡江之初,东南岁入不满千万",而彼昔浙闽广三市舶市收入已达两百万贯,占五分之一。迨孝宗一朝,财政规模即全面超越北宋。闽商为明清著名的地域商帮之一,包括从事台海贸易的地域海商群体——郊商。他们不仅积极谋求经济的多元化发展,投身到农业、手工业、典当业中,而且在多元化的经济经营活动中将海洋贸易和生产领域的经济活动结合起来,形成了一个以海洋贸易为中心的有机的经济联合体,"海陆互动"便成为郊商经济多元化发展的经营特征。其中,最富传奇色彩的当属海商武装集群,他们视海权为至上,较之倭寇其视野更宽广,试图在更广阔的世界和开放时代分享地理大发现的成果和经济全球化的利润。

[1] 林拓.文化的地理过程分析——福建文化的地域性考察[M].上海:上海书店出版社,2004:40.

因为他们驰骋于海上自由贸易中远比朝廷仰仗"澳门——马尼拉航线"由西班牙人做转口更明白海权的重要。郑氏集团，便是海商集群中的荦荦大者。泉州人郑芝龙早年游历澳门、马尼拉、日本，供职荷兰东印度公司任"通事"（翻译），通葡萄牙、卢西塔尼亚语（犹太—葡萄牙语），入天主教，另名尼古拉，参与其侵掠中国商船。正是这样一位荷人称为"尼古拉一官"之人，颠覆了他们在"中国海"的霸权地位。1633年郑氏击败东印度公司，海战大捷也迫使荷人放弃了垄断中国海上贸易的企图，承认其海权，向其纳贡。

二、海上弛禁

对福建来说，明代的海禁一是禁止民众与海外的私人贸易，二是由官府垄断海外贸易。原因是倭寇对大陆沿海侵扰已趋严重，明廷确认倭寇进犯与沿海内奸勾结有关。欲绝倭寇，当须先断海上贸易。洪武二十年（1387）动员民众在沿海广筑要塞，组织海防力量，平倭战争取得成功。代价是宋元以来形成的海上贸易势头就此终结，外贸急剧萎缩。虽然郑和船队出洋持续了20多年，但大规模的海航和贸易也就此谢幕。对于农民出身的明朝统治者来说，商业的萎缩也许正是恢复农业的良机。明初坚定不移地秉持以农兴国的指南，重浚水利，推广棉花种植，开荒垦田，以及低赋微税等，奠定了农业发展的基础。基于明初城市的萧条和萎缩，农产品缺乏广阔的市场，致使农民仍然维持在较低水准、自给自足的生活中。明中期社会问题开始凸显，城乡和租佃矛盾日趋严重，游民背井离乡，谋生艰难。说明一味抑制海外贸易，一是导致经济萎缩，二也不能实现天下安宁。对于沿海、多山和缺少田亩的福建而言，对外贸易不啻是生命线。事实上，即便是在明初，其沿海私人海上贸易也未曾停止过。明廷在海澄一带也实行过"准出不准进"的特殊地方政策——允许当地商人到海外贸易，不允许海外商人到本地贸易，尽管这一政策是明初海禁的延续，但毕竟提供了商机。

明末东亚形势风云变幻，一是西班牙人东来，从美洲运来白银无数，运走中国的丝绸、瓷器、白糖等；二是荷兰人；三是日本方面。虽然倭寇侵扰中国的行动有所收敛，但嗣后侵略朝鲜等使明朝对其制裁愈加严厉。长期觊觎中国沿海的日本力图向海洋发展，万历三十七年（1609）日本萨摩藩控制了琉球国。明末郑芝龙的崛起顺应了沿海商人的诉求，凝聚了海商的力量。沿海市舶通番和海禁轮番交替，对其经济和社会影响至大。明初洪武四年（1371）朝廷就兴化卫指挥等私遣人员出海行贾发布诏谕，表明市舶通番会带来无穷祸害；此前的三年即1368年倭寇入侵福宁县境，开明代福建倭患之始，又于1372年再次进犯福宁。明廷在洪武元年（1368）即在莆、泉、漳置兴化卫、泉州卫和漳州卫，分辖5个千户所，每卫设指挥使，辖兵5 000~6 000人不等，加强海备，这也是明廷在闽设置的第一批防卫海疆的军卫，令闽、浙建船以防倭患。同时于洪武十四年（1381）颁令禁海民私通海外诸国。是年冬颁《皇明世法》重申禁止"私出外境及违禁下海"之令，规定对下海通商的惩治办法，使沿海商民遭受严重打击。

嗣后，朝廷不断加强海疆防卫力量。如洪武二十年（1387），从福、兴、漳、泉四府选丁15 000人为沿海戍兵，次年，先后在今霞浦、福清、莆田、泉州、漳浦等地建成福宁、镇东等五卫；于水澳等处设45个巡检司等，严密海防。因沿海修建卫所，沿海许多岛屿也沦为荒地。一方面朝廷屡禁泛海通番，一方面仍然有大批沿海居民不顾禁令，不断与海外联系。因何？谢肇淛认为："……而榷采之中使利其往来税课，以便渔猎，纵令有司给符繻与之，初未始不以属夷为名。及至出洋，乘风挂帆，飘然长往矣。近时当事者虽为之厉禁，诛首恶一二人，然中使尚在，祸源未清也。老氏曰：'不贵难得之货，使民不为盗。'上既责以税课方物，而又禁其贩海，其可得乎？"[1]明景泰年间（1450—1456），月港民间对外贸易崛起，在此后的100多年间，以月港为中心的商业港埠逐渐取代泉州，外运货船进出该港多达百计，沿东、西洋航线与外国进行商贸交易活动，鼎盛时通商往来者达47个国家和地区。迄至正、嘉时期（1506—1566），漳、泉一带纷纷私造大桅大船下海，且拥有武装护航能力，继续与东、西洋多国展开商贸活动。大约从嘉靖年间开始，倭患日炽，海上进入多事之秋，沿海各地不得安宁[2]。倭寇中不乏沿海的流民，他们勾结日本浪人，掠杀沿海人民，造成了经济和社会难以估量的损失。以莆仙为例，明正德期间经济和人文趋于兴盛，出现了"莆文献领袖全闽"的局面，几与福州相颉颃。然至倭乱，富庶竟成为其垂涎之因，"倭夷煽乱，闽之患独莆尤甚"。嘉靖四十一年（1562）十一月府城被陷，惨遭洗劫，"荡然一平矣"。此外，还有葡、荷、西国的海寇。大约从明天启元年（1621）

始，长期在台湾海峡进行走私活动的颜思齐、郑芝龙等海上武装集团渐成威胁。后者降清后，其子郑成功却毁家纾难，起兵入海反清。康熙二十二年（1683）郑氏降清。翌年，玄烨下旨解禁——自顺治十二年（1655）开始的清初海禁暂告结束。

回顾明清时期福建沿海的"禁"和"驰"，前者除禁止民众外出商贸外，还须"迁界"。如康熙二年（1663）朝廷命沿海迁界，凡迁界之地逢山开沟筑墙，称"界沟""界墙"。每隔5里，置炮台、烟墩；每二三十里设一营盘，驻兵守卫。平民百姓凡逾界者杀无赦。迁界导致沿海数千里荒芜，数百万居民背井离乡、颠沛流离。历史上海禁实行，走私活动便屡禁不止；后者一旦开海开洋，则海上匪患不断。

海禁政策与中国人对海外观念的变化和海洋观是密切相关的。宋代开放，外国人可以在沿海港口居住或贸易，自宋代蒲寿庚和泉州海外侨民的不良行为始，遂使明初排外意识增强；另一方面，明代自高自大的想法忽略了东南沿海对海外贸易的依赖性，忽视

[1]
［明］谢肇淛.五杂组［M］.傅成，点校.上海：上海古籍出版社，2012：65.

[2]
较大规模侵掠活动计有：嘉靖三十四年（1555）十一月，倭寇侵犯兴化、泉州等地，所到之处，恣意杀掠，福清海口"室庐荡尽"，军民被杀"以万计"。嘉靖三十七年（1558）三至五月，倭寇在福州城外焚掠60天，"数百里内，白骨如山"。嘉靖四十一年（1562）十一月，兴化府城被倭寇攻克，寇据城3个月，"全城焚毁殆尽"，死者逾万。同时，闽北的政和、寿宁和宁德县城也被倭寇攻破……鉴于乱，朝廷委派戚继光、俞大猷等将领率兵奋勇抗寇，名将戚继光率兵丁先后于嘉靖四十一年（1562）、四十二年（1563）数次击溃倭寇，先后取得宁德、平海卫、仙游等战役的胜利，至嘉靖四十三年（1564），长达15年的福建倭患基本平息。

了沿海民众的利益所在。直至明末,闽海地区的海外贸易仍被视为"不良倾向"。朱明王朝的海禁政策为后世所蹈袭。明清东南海洋庶无平静,第一件大事便是著名的郑和下西洋,从永乐三年(1405)至宣德八年(1433)七下西洋,行程数十万里。不过,明廷并无改变海禁的政策,其实质可能在于汉代以来盐铁官营政策的继续——郑和航海之后,中国人获得了远洋的契机,它不仅延续了闽人的航海文化,使航海技术在闽海地区进一步普及,而且为航海事业的发展奠定了基础。

三、凭海临风

五口通商后掀起的洋务运动和维新变法中,马尾福建船政局在内忧外患中应运而生。发轫于19世纪60年代的洋务运动标志之一,是在左宗棠倡议下于同治五年(1866)在马尾创办"采西学、制洋器"的船政局。该局集轮船制造、培养船政人才于一体,包括马尾造船厂、求是堂艺局(翌年易名船政学堂),是清政府创办的规模最大的造船厂。自1867年迄1907年的47年中,该局共制造各类兵商轮船44艘,从木质船舶到铁胁、钢甲船乃至鱼雷快艇,反映了近代工业发展的水平。学堂的制造、驾驶、设计、轮机四个专业共培养了637位人才,于1877—1897年间分四批先后选派学生艺徒共88名赴英、法等国学习,以期能"探制作之源"、窥驾驶之"密钥";并延展到制造枪炮水雷、开矿、冶炼和修建铁路等方面,学生中

"不但能管驾大小兵船,更能测绘海图,防守港口,布置水雷",先后走出了海军将领邓世昌、刘步蟾、叶祖珪、林泰曾、林永升,制造专家魏瀚、詹天佑,外交志士罗丰禄、陈季同,文化启蒙和翻译家严复、林纾等。

历史上福建刚正英烈辈出,志士仁人踵接。著者如郑成功、林则徐。前者率兵驱逐荷兰占领者,收复台湾;后者于道光十八年(1838)赴粤查禁鸦片、销烟虎门,威震中外。还有光绪九年(1883)中法马江海战中,11艘战舰中出自船政学堂的许寿山、陈英、叶琛、林琛、林森林、吕翰、梁梓芳、林泰曾等8名管带(舰长),在战争中浴血奋战,以身殉国;120年前的中日甲午海战,用美籍历史学家唐德刚的话说就是,"空前绝后的鸭绿江口黄海大战,也是马尾船校以一校一级而大战日本一国呢!"邓世昌拒绝救援,自沉殉国;刘步蟾自毁战舰,以身殉职;林永升誓死血战,中弹殉难……其情之悲、其志之烈,永示后人!嗣后,靖远舰管带叶祖珪、康济舰管带萨镇冰又担负起重组北洋水师的重任,为中国海军的复兴点燃火种,矢志不渝;冰心父亲谢葆桢,首任烟台海军学校校长……福州朱紫坊的萨家大院走出了晚清海军统制萨镇冰,抗日英雄、中山舰长萨师俊等在内的数十位海军将官,中山舰为抗战流尽最后一滴血。还有马尾船校毕业的闽县人陈绍宽,首任国民政府海军部长、海军总司令,1945年代表中国海军在密苏里战舰接受日军投降。

清末维新派林旭反对清廷割让辽东和台湾,上书请拒和议,旋任内阁中书。1898年倡立闽学会,开展维新活动。戊戌政变时被捕遇害,为

泉州市鲤城区江南街道亭店村杨阿苗宅红砖墙面装饰

"戊戌六君子"之一。距朱紫坊数步之遥的林长民之弟林觉民，著名的"黄花岗七十二烈士"之一。其《绝笔书》感情深挚，充满为国捐躯的牺牲精神。林祥谦，1923年高呼"头可断，血可流，工不可复！"英勇就义。三坊七巷走出的学术名流陈宝琛、严复等亦北上参与北洋袁世凯组织的北方代表团南下同南方革命党政治谈判，就君宪与共和国体的抉择穿梭南北，舌战争辩。

也许是特殊的地理区位和海洋文化的浸润，实业或科学救国的初衷使然，成就了近现代闽籍商界翘楚和科学家集群之大观——工商方面如同安人陈嘉庚于1910年参加同盟会，募款资助孙文，领导南洋华侨支持抗日战争，热心兴办文教公益事业。先后在集美创办中小学和师范、航海、水产、农林、商科等学校，1921年创办厦门大学；1906年参加同盟会的林文庆，致力于传播中国传统文化和新加坡华侨社会和华文教育的改革，为橡胶业、银行保险业的开拓者之一，曾任厦门大学校长。科学技术方面也是英才辈出，如闽侯人蒋丙然，比利时博士，气象学和天文学家；林几，闽侯人，法医学家，维尔茨堡大学博士，中央大学教授；沈元，福州人，空气动力学家，帝国理工学院博士，中科院院士；蔡镏生，泉州人，物理化学家，芝加哥大学博士，中科院院士……

四、海洋和人居

千余年来闽人持续不断地涌向南洋、西亚、欧美及日本等地，移民总数共计百余万。从移民迁出地看，第一为闽南地区，第二为莆仙地区，第三为闽江下游地区。闽西和闽西南客家人飘海过洋者也不在少数。宋元崛起的泉州为蜚声中外的海港，所谓"涨海声中万国商"云云，表示其与海外的密切联系。明初的海禁并未能从根本上遏制海上贸易的浪潮，嘉靖间，"漳之诏安有梅岭、龙溪、海沧、月港，泉之晋江有安海，福宁有桐山，各海澳僻，贼之窝响、船主、喇哈、头头、舵工皆出焉"。明末时厦门仅为月港的一个支港，近代东南沿海风云变幻，于是，"厦门为洋艘出入，百货聚集之处，商贾辐辏"[1]。闽南民居以石为壁，一在墙面和地坪，二在房屋构件。墙面砌筑或青、白石相间构成同质异色对比，或蜂泡石与斩石块组合形成质感对比，或条石顺砌与丁砌呈示样式比较，或块石、乱石与红砖混砌，形成俗称的"出砖入石"。其多样的构图、图式、色彩、材质等在比较和差异中鲜丽璀璨，与古代伊斯兰建筑手法相贯通，涵泳着异域宗教文化的气息。莆仙地区民居墙体装饰或红壁瓦钉，或满墙藻饰，丰赡烦冗。如莆田涵江区江口镇港后村佘宅墙面红砖顺砌，白石丁砌，菱形的白石和方正红砖红白相间，对比巧妙，"与古罗马的墙面上菱形布点的装饰手法十分相似"[2]。还有独特的嵌瓷，除了瓷片的釉色和纹样外，当地工匠也在瓷片和泥塑处施色，使色彩更趋变化、细腻和华丽[3]。漳州东山县关帝庙和泉州开元寺正脊中央和两端翼角处以嵌瓷手法分饰行龙、麒麟、孔雀、凤凰和牡丹造型，在垂脊、戗脊和博风处饰拐子纹、兽面和戏曲人物，形态夸张舒展，色彩丰富艳丽，令人联想到中世纪拜占庭教堂和阿拉伯宗教建筑中用马赛克或釉片镶嵌细密式图像的意象和遗韵——嵌瓷的源头或与13、14世纪中亚阿拉伯人经海路至泉州从事商贸有关，抑或于15、16世纪受南洋诸地的沾溉[4]。至于闽南风行嵌瓷之时，当在16世纪以后。

[1]
［清］（道光）厦门志（卷六）．

[2]
戴志坚．福建民居［M］．北京：中国建筑工业出版社，2009：163．

[3]
戴志坚．闽台民居建筑的渊源与形态［M］．福建：福建人民出版社，2003：283—284．

[4]
李乾朗．台湾传统建筑匠艺（第2辑）［M］．台北：燕楼古建筑出版社，1999：64．

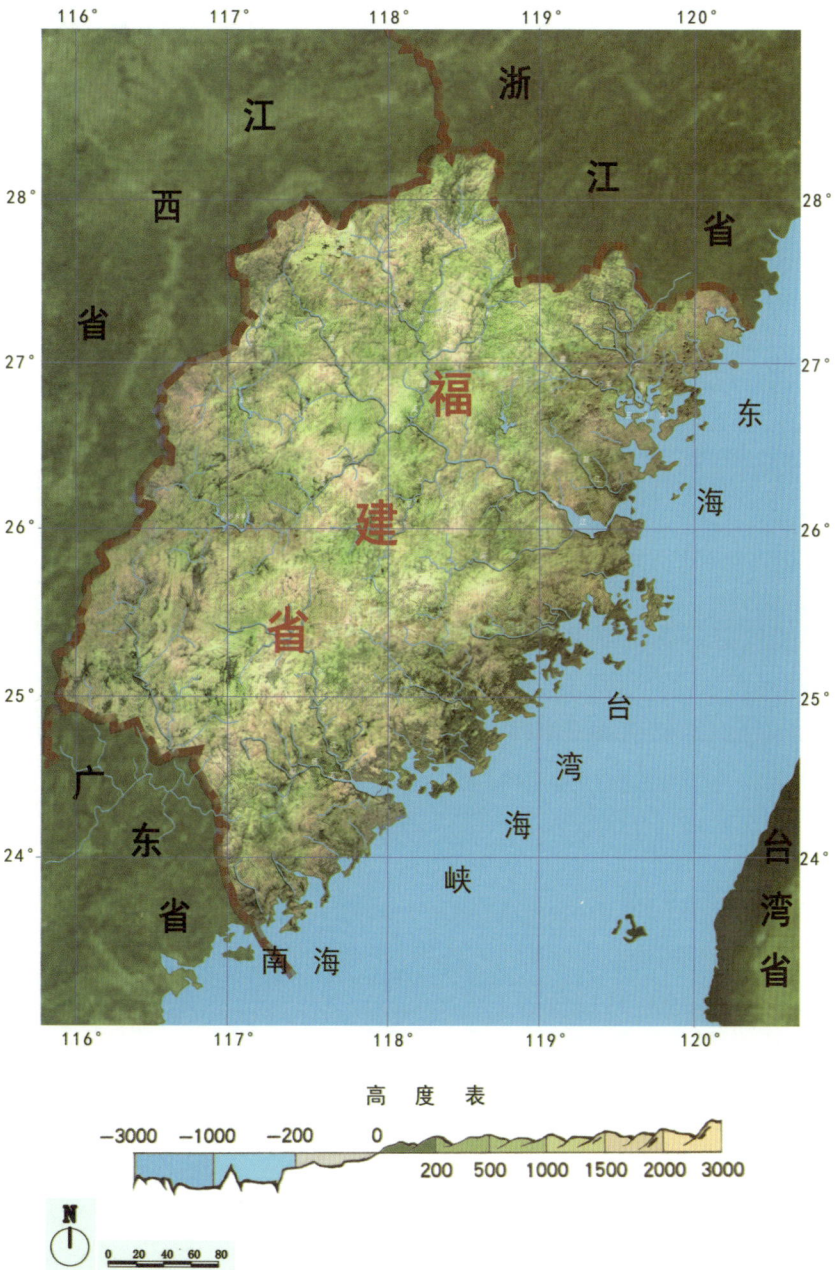

福建省自然地理地图

福州市鼓楼区郎官巷严复故居厅堂室内

福建省行政区划地图

宁德市霞浦县海边（张树明摄）

泉州市丰泽区北街通天宫

福州市鼓楼区郎官巷口　　　　　　　　福州市鼓楼区塔巷口

福州市鼓楼区文儒巷口

福州市闽清县坂东镇新壶里宏琳厝一隅（薛冰摄）

漳州市漳浦县湖西乡诒安堡迎曦门

漳州市南靖县书洋镇上坂村田螺坑　　漳州市漳浦县湖西乡赵家堡城楼道

泉州市鲤城区江南街道亭店村杨阿苗宅门头（张敏摄）

金门县金沙镇山后十八厝(张敏摄)

南安市官桥镇漳里村蔡氏大厝

福州市闽清县坂东镇新壶里宏琳厝大门

福鼎市翠郊村大厝远眺(周玮摄)

福鼎市翠郊村大厝(周玮摄)

三明市泰宁县杉城镇胜利二街尚书第李建烨宅内庭

永安市槐南乡坪头村安贞堡中庭俯视

龙岩市连城县宣和乡培田村吴家大院四柱三檐大门

永安市槐南乡垟头村安贞堡阶梯式庭院

龙岩市永定县高陂镇上洋村遗经楼正立面

永安市小陶镇美坂村民居

龙岩市永定县高陂镇富岭村大塘角裕隆楼文翼堂（秦屹摄）

龙岩市永定县高陂镇上洋村遗经楼前厢房

龙岩市永定县古竹乡承启楼俯瞰(黄仁浩摄)

龙岩市永定县湖坑乡洪坑村振成楼

龙岩市永定县侨福楼内院（黄仁浩摄）　　漳州市南靖县书洋镇下坂村裕昌楼祖庭

龙岩市永定县侨福楼正立面(黄仁浩摄)

漳州市南靖县书洋镇上坂村田螺坑俯瞰

漳州市南靖县梅林镇坎下村怀远楼

漳州市南靖县书洋镇石桥村顺裕楼（许文慧摄）

漳州市南靖县书洋镇塔下村德远堂后俯瞰

邵武市和平镇黄氏大夫第砖雕

金门县金沙镇大夫第(张敏摄)

安市官桥镇漳里村蔡氏大厝
柱下瓶花图形装饰

南安市官桥镇漳里村蔡氏
大厝人物建筑石雕图形

福州市鼓楼区文儒巷陈
承裘宅隔扇门局部

南安市官桥镇漳里村蔡氏大厝檐廊藻饰

第五章

地区、城乡、建筑和遗产

迥异的资源禀赋、差异明显的自然条件，经济和社会发展的梯度性等因素，使得八闽各地城乡面貌、空间格局和人居环境的特殊性多于统一性，建筑形态各臻其异，各具风流；城镇规模及分布一是密集于河流附近，二是聚集于沿海，山海两地均衡；前者以闽江、九龙江流域等较为典型，后者包括福州、莆田、泉州、晋江、漳州、厦门等海滨城市。反之，幅员辽阔、山高林密的闽北、闽中、闽西及闽西南等广阔腹地则鲜少中心大城市或外向性城市。其间虽不乏城镇发展的自身规律的制约，却也折射出闽地城镇的多样性和多元化。这里，不仅有福、泉、漳三座国家历史名城，而且还有古田、和平等13座国家历史文化名镇，以及廉村、观前村等29座国家历史文化名村，这些分布于各地的城镇乡村，映现和见证了其悠久的历史和发育过程，还有数不胜数的全国重点文物保护单位，瑰丽灿烂，文物之邦实至名归。

一、闽南地区

闽南地区主要指晋江、九龙江和木兰溪流域,即唐代的泉州、漳州,明清的泉州、漳州府以及龙岩和永春二州,含括现今泉州市、厦门市、漳州市和龙岩市的漳平、新罗两区县。宋代泉州城为"城内画坊八十,生齿无虑五十万"[1]。城外则是绿盖当头浓翳匝地。蔡襄任泉州知府时,更在泉州至福州沿途"植松七百里以庇道路",绿化环境。泉州人作歌感念这位造福乡梓的贤官:

> 大义渡至漳泉东,问谁植之我蔡公。岁久广荫如云浓,甘棠蔽芾安可同。委蛇夭矫腾苍龙,行人六月不知署,千古万古长清风。

若论墟市总量,明代当推南极的漳州。月港外贸的强势崛起,不仅改变了漳州略显滞后的局面,而且迄至明末俨然而成一处繁荣的县城;专为月港而设的海澄县享有"小苏杭"之称,带动了周边龙溪等县的发展。迄至清乾隆

[1]
[宋]陆守.修城记 // [宋]王象之.舆地纪胜(卷一三〇)·泉州.

间漳州府所辖的龙溪、漳浦、长泰、南靖、海澄及平和县共有200余处墟市，比明末增长了两倍多，还催生和刺激了边缘墟市厦门的快速发展。宋明时期厦门尚不见经传，明初仅为一要塞——中左所，故明万历年间西班牙人称其不过为"一个有3 000户人家的市镇"[1]。正是380余年前的这个岛屿市镇，创造了近代福建规模扩张最为迅速的城市。清军入闽后，大批同安人等迁至厦门，致使该地人口剧增。郑成功时又为抗清复明和外贸的基地，抗英名将陈化成曾从军事经略的层面论及，曰："厦门东抗台、澎，北通两浙，南连百粤，人烟辐辏，梯航云屯，岂非东南海疆一大都会哉！"[2]其实，若从商业和对外贸易的角度看，则陈氏所言实为一而二、二而一的关系——特殊的地理方位，是决定其崛起的关键所在。

位处沿海和山区交界间的德化、永春等地，不乏商居合一的模式。戴云山下的德化县赤水街就是一条历史悠久、构建颇为特殊的商业街。说其悠久，因街衢滥觞于南宋绍兴三年（1133），明隆庆年间定迁于此。言其特殊，系修筑于山坡之上，地形复杂；街衢紧临陡坎深坡，蜿蜒曲折。街侧无有构房之隙，只能紧贴坎坡从"底"建起，高矗耸立并高于街面二三层，奇特而壮观。若论其商居合一的模式及组合，亦极具特色：每户阔仅一开间约5米，只能在竖向垂直空间中拓展，寻求可能的发挥余地。如此，街衢及商居作如是观：商铺大多在四层的高度上，房屋土墙的墙基高1米许，上端夯筑土墙。每户约在齐平街衢底面出挑木结构，在立面上形成通长的木柱矩阵。最高处的五六层大多后缩，也形成了重檐。观其整体，在特殊的地形中形成的特殊建筑造型及其组合，一方面彰显了朴素自然和盎然生机的体形和个性，另一方面也充分呈现了民众对生产生活的质量及空间多元的诉求。

二、莆田仙游区域

北宋置兴化县，旋立兴化军。自此，莆仙从泉州辖属中分立——元的兴化路、明清之兴化府，……不仅地理上趋近省府福州，且经济独立性强；其方言原与泉同类，后受福州影响，形成融福、泉两方言变异的莆仙方言，也奠定了莆田和仙游以独特性驰世的表征。宋代王象之在《舆地纪胜》中有云："莆田介泉福之间，通海道，舟车所会，民物繁夥；比屋业儒，号衣冠盛处，至今公卿相望。山川之秀，甲于闽中。"自木兰陂筑成后，莆田平原数十万亩农田得益，所谓"木兰陂成，莆成乐土"的民谣即为其写照。元代仙游县枫亭市（太平港）凭借濒临湄州湾的优势，积极发展商贸，一片繁忙的对外交通景象："舳舻衔尾，风涛驾空，粒米之狼戾，海物之帷错，遐珍远货，不可殚名

[1]〔西〕拉达.出使福建记[M]//南明行纪.何高济,译.北京：中国工人出版社，2000：250.

[2]〔清〕陈化成.《厦门志》序//周凯.厦门志.

者，辐辏于南北之贾客。"镇上"高赀富室，醉醴饱鲜"。

临海的莆田和西缘的仙游在有效抵御飓风和台风的侵袭中，采取多样而灵活的技术和手法应对，如迎风面的民居多为单层，屋面不出檐呈硬山压顶状，二、四坡屋面，并用石块垫压屋面，屋顶周边用蛎壳粉粘接固本以收减灾之效。建筑构造中既有北方地区抬梁式木构形式，又有南地穿斗式木构架体系；在建筑平面布置上，既有传统中原建筑特征的三合院、四合院式，也有护厝、排屋、土楼、土堡、竹筒屋等富有地域建筑特色的形式。

三、闽江下游及闽东区域

闽江下游及闽东地区幅员广阔，含括现福州、宁德两地区级行政区划。据《三山志》记载，福州建成于汉初（前202），五代王审知治闽时又于天复元年（901）和后梁开平二年（908）修筑罗城和夹城。官衙、寺庙、宅第等建筑也次第兴起，基本沿袭了唐末五代时期罗城的风貌和格局。北宋蔡襄等福州太守号召百姓绿化造林，广植榕树，数十年后已是"绿荫满城，暑不张盖"，"榕城"别称也由此而来。时曾巩和蔡襄二家曾分别对其有所描述，不同的是，曾氏偏重于交通，蔡氏聚焦山海景观，读来饶有意味："其城之内外皆涂（道路），旁而沟，沟通潮汐，舟载者昼夜属其门庭。"[1] "若夫闽州之胜，城中三山，山之下，海至潮汐至焉，有鱼虾蠃蚌之饶，黄柑丹荔之实，并山又有竹林泉石旷清雅绝之美，可以宴喜而娱游。"[2] 曾文中的福州城内外道路已较齐全，沟渠纵横河海相连，俨然水城；从蔡文中看，由于城内人口尚稀，房屋不多，故三山巍峙，可见海潮涨落，一片依山濒海的城市美景。时城内房屋仍以木构为主，"麓多杰木而匠者多良能，人以屋室巨丽相矜，虽下贫必丰其居"[3]，虽不富裕但居处仍要考究，而且佛、道等宗教建筑毗连："三山鼎峙，疑海上之仙家，千刹星联，实人间佛国。"[4] 南宋后人口急剧增加，城区规模亦随之扩大，三坊七巷和南北后街等主要街衢逐渐形成，迄至明初城市规模已属壮观。

由于福州是闽江上游物资和商品的汇集之处，沿海的商品也通过闽江的干流运销至上游各地，故商业颇为兴旺，时人王恭吟咏云："七闽重镇旧繁华，九陌三衢十万家。"若用何乔远在《闽书》中的话说就是"广袤方十里，高二丈一尺有奇，厚一丈七尺，周三千三百四十九丈"。明万历三年（1575）西班牙公使团对其城堞印象深刻："城市极壮丽，特别靠近城门，大得出奇。城门用铁皮包着。门屋和楼塔建在高处，其较低部分用砖和石筑成，和城墙相称。……他们的城池坚固，是因为有高大的城

[1]
［宋］曾巩.元丰类稿（卷一九）·道山亭记.

[2]
［宋］蔡襄.蔡襄全集［M］.福州：福建人民出版社，1999：582.

[3]
［宋］曾巩.元丰类稿（卷一二八）·道山亭记.

[4]
［宋］王象之.舆地纪胜（卷一九）·福州.

墙和壕堑。"[1] 西国使团成员拉达所记该城也颇为细致,"……(福州)城市建在水上,许多条河流经过它,河岸是倾斜的,很宽阔,作为城市的街道使用。河流上有各种木桥和石桥,和街道一般高,不妨碍船只来往。河道很宽,在河流通过池的地方,墙上有拱门"。作者认为,正是由于这些河流的流淌和船只的行驶,才使得城市"变得十分高贵,好像它是另一个威尼斯"。谈到房屋时,他这样写道:"房屋都很矮,但盖得很好,除售货的屋外,并不高大。看到这些城市那么大,……房屋造得很矮,占了大面积的地盘。"据他估计,城市大概有 15 万户人家[2]。

事实上为防倭寇山匪侵扰而重加修整的城堞虽然夜闭昼开,但毕竟不能适应商业贸易的发展要求,于是出现了往城外扩张的现象,据明万历《福州府志》载,城内原仅有 12 条街,城外也达 8 条街。如南门外中亭街"自扬威坊至万寿桥数里,居民鳞次",说明扩张系顺沿闽江岸边而发展,街道已南延至闽江岸。另从清初荷兰人绘制的福州地图看,当时城区北至屏山,南讫闽江南台,初步奠定了 20 世纪初榕城的格局规模,清道光年间就曾有外国人预计大约比宁波大一倍,比上海(指上海县城)大两倍,比厦门大四倍。许旭在《闽中纪略》中更直言"福州自城南还珠门抵南台三十里,百货填集,珍奇充牣,触目灿烂。比之阊门(指苏州阊门),何啻几十倍"。

政区的稳定、行政力度的强化、城市经济的繁庶和文化中心的逐步形成,使福州地区人文荟萃。其附郭县侯官辖区南后街与城市主干道南街相平行,出现了缙绅学士集中居住的三坊七巷社区。社区位于南后街两侧,占地约 40.2 公顷。西侧有衣锦坊、文儒坊、光禄坊,东侧为杨桥巷、郎官巷、塔巷、黄巷、安民巷、宫巷、吉庇巷。三坊和七巷纵横交错，空间布局秩序井然。自唐宋以来，深宅大院多建于此，名人辈出。现存明、清古建筑百余座，集中体现了福州名门望族的宅邸建筑特色，被评为中国十大历史文化名街之一。

晚明福州府及闽江下游诸县，土地肥瘠不同，丰歉不一。不过由于商品经济的发展和海内外贸易的兴盛，大致均进入了较快的发展通道。据林烃、谢肇淛等编纂的《福州府志》记载，万历年间福州府的闽县、侯官、古田、闽清四县有墟市17个，长乐县有码头多处，多为商贩聚舟之处，还有古田等地"上下舟航毕集"的若干水口。如福清县的海口市，以龙江为港湾，"海口枕山襟海，田园不及顷，四方舟车往来，百货俱集，人称小杭州。贸易可以自给"[3]。

闽东宁德地区为山地区域，资源丰富，生态良好，北与浙南邻接。除长溪、宁德在沿海属交溪流域外，余皆属闽江下游。相对闭合的环境，使该地区传统民居和乡镇聚落富有地域特色。如名列国家历史文化名镇序列的宁德蕉

[1]
[葡]伯来拉，等.南明行纪[M].何高济，译.北京：中国工人出版社，2000：256.

[2]
同上：67.

[3]
[清]林以采.(顺治)海口特志·疆域、风俗.

城区霍童镇，一弯霍童溪自西北往东南穿越逶迤而过，唐时北人徙至此，拉开了镇邑发展的新面貌。位于山环水抱的地理环境和拥有交通便利的优势，着力拓展商贸运输业，街市兴旺，店铺踵接，密密匝匝。以下街、上街、横街、直街等主要街衢，以及安保巷等共构起纵横交错、高低起伏或回环往复、交叉、延伸等繁复的结构图式，变化多端，古意盎然。

四、闽北地区

闽北上游大致为明代邵武府、建宁府所辖区域（约为今日的武夷山市和南平市境域），既是北人南徙闽地的第一站，也是其开发最早的地区之一；极盛时占据八闽之县域及人口二分之一强！地理地貌特点是"地狭山多，田高下百叠"，武夷山脉和仙霞岭成就了峰峦山地和叠嶂丘陵。闽北通道北连浙省江山，南接闽中，东达闽江下游，是历史上中原移民南徙的主通道。因远离海滨，交通以崎岖山道陆路为主，制约了区域的发展。

闽北闽江上游民居建筑受浙西、徽派和赣东北地区的沾溉明显，既有运用木材构建的两层木楼，即使用木板作为围护结构，或于柱与穿枋之间用竹条、树枝等编成壁体并两面抹泥，设置外廊，使之轻巧美观，又有用生土夯筑的厅井型院落住宅，也有砖墙砌筑成的院落宅第；既有木楼的不事修饰，生土院落的粗硕牢固，也有砖墙宅第的精细砖雕和石雕；以及木楼呈现的初期干栏建筑形制的雏形，厅井宅第山墙处硬山式平行阶梯形、云形、马鞍形等形式，随院落空间、屋面坡度高低变化而错落有致，与徽、赣建筑的渊源清晰，呈现了建筑类型、材料选择及实践应用的多样性。历史上闽西北和闽江上游地区火患严重，"火患独闽中最多，而建宁及吾郡尤甚（按，作者故籍为福州长乐）"。谢肇淛归纳其因是"一则民居辐辏，夜作不休；二则宫室之制，一片架木所成，无复砖石，一不戒则燎原之势莫之遏也；三则官军之救援者徒事观望，不行扑灭，而恶少无赖利于劫掠，……"[1]

邵武市和平镇、武夷山市五夫镇、顺昌县元坑镇是闽北地区的三座国家历史文化名镇，各具特色。其中五夫镇前临潭溪，背倚玉屏山，这里诞生了柳永，也是朱熹的长居之地，兴贤书院依旧神圣、庄严，八字形的连氏节孝坊体形高矗，砖雕精湛，孑遗的刘氏家祠一色的精美雕花门楼以及宽不过两米但空间格局如初的古街，依然蜿蜒自如。

用自然之石在庭园中堆叠成景，注重山水环境在建筑内的"再现"，可以武夷镇下梅村中邹氏大夫第后花园"小樊川"为例，四周高

[1]
［明］谢肇淛.五杂组［M］.傅成，校点.上海：上海古籍出版社，2012：67.

垣围合中筑石栏鱼池，对弈台上植罗汉松，花园与后厅的隔断墙上左右錾"镜""月"，居中砖雕镂空藻饰，前置石案，陈设花木植株。对此，明人述之也详："吾闽穷民有以淘沙为业者，每得小石有峰峦岩穴者，悉置庭中，久之甓土为池，叠蛎房为山，置石其上，作武夷九曲之势。三十六峰森列相向，而书晦翁《櫂歌》于上，字如蝇头，池如杯碗，山如笔架，水环其中，蚬蛳为之舟，琢瓦为之桥，殊肖也。"[1]

五、闽中地区

闽中地区现为三明市，即明代延平府所辖大部。因处闽地腹地，谷深山高，坡地狭仄，交通阻隔，对外交往不便，长期以来以农耕自然经济为主体。又因移民大多来自闽北和赣东，多种文化成分交融，是为福建开发最晚的地区。该地中心城市和商贸集散码头欠乏，稍具规模的镇市聚落往往即为县治。如晚明的将乐县（现属三明市）十字街市，"在县治中，东达攀龙门，西通万安门，南抵金溪门，北距安福门，商贾四集之所，岁时贸易不绝"[2]。从中可以看出，县城是县邑的商业中心。

闽中地区人居环境既体现了结合自然地形等条件，又呈现了农业社会人群孜孜不倦追求理想生活的目标和境界，因移民祖居地及等第、先后等因素，建筑风格趋向多元。整体而言，民居建筑中一明两暗、三合天井、连排屋，乃至闽西南、粤北地区盛行的土楼和围龙屋类型俱有孑遗。永安市小陶镇美坂村中面积至大的树德堂、积庆堂占地面积均广至4 000平方米以上，面阔五至七间，前后设廊，七架梁，抬梁式结构，单檐悬山屋面。其平面以三、四合院式为核心，扩向递进为两或三进，沿中轴线自前迄后大致为池塘、前坪、建功柱、旗杆、牌楼、大坪、门厅、庭院、正厅、后庭、后厅、台墙。横向在三、四合院的两翼对称布置一或两排护厝（厢房），外厝前伸至池塘，往后同后厅相接；内厝前伸至围墙。从院落房屋断截面上看，基于顺应地势，故从后迄前为后高前低、层层跌落。如此，雨水也顺势泻入水沟，汇聚于池塘。

就其独特性来说，矗立的庞大体量的土堡成为该地区民居形制和风格的代表。富有闽中山林气息和地域特色的土堡，与闽西、闽西南土楼一道，为愈来愈多的外人所知晓，堪称福建传统民居体系中的双璧瑰宝，交相辉映。

土堡常依山地的起伏和走向采取相应的手法：地形陡峭、高差明显处，为避免较多的土方工程量和节省人力计，多以退台或错层式的建构方式安排住居。如受限于地势的大田县琵琶堡以肖地象形、因势而设的策略取向，别具机杼。其平面宛如卧于坡上的琵琶，堡前水池为琴胡，小径作琴弦，路径分叉处各置长形石

[1] ［明］谢肇淛.五杂组［M］.傅成，校点.上海：上海古籍出版社，2012：53.

[2] ［清］李敏.（崇祯）将乐县志（卷一）·地理·市.

大田县桃源镇东板村安良堡

块,寓意琴把,取"琴瑟和谐"和"剑胆琴心"之意。丘陵间则以选择背靠山峦的地势高爽处和依山傍水为圭臬,若需占用田亩时则缘水近溪而居。以依托冈阜和丘陵为主而生成的土堡,要旨仍在于少占田亩;如地基不敷使用,则经之营之,取双利而避其害。永安市西洋镇福庄溪会清堡南拐角处面对一脉呈东南—西北走向的山梁,北面一片水田,其北界为东西向的环形山围护土堡,西面为水田和农舍,西侧百米处为重峦,东、南两面一山溪与福庄溪汇流于堡前。还有位处山间盆地中央暨铭溪东北岸大弯处的大田县潭城堡,溪流将盆地一分为二,堡西南方有由北向南的流水,西北数十米处即为水田,溪流西南和东北两岸布置庐舍,四向田亩宽阔,远山连绵,一派山水相融的怡人美景。

六、客家地区

福建客家人聚集于闽西、闽西南和闽南地区,空间范围大抵为北自建宁、宁化、清流、明溪,南迄龙岩的永定、漳州的平和、南靖、云霄、诏安等地,以及居中的长汀、连城、武平、上杭[1],迈越今三明、龙岩、漳州3个地级市。这些地区不仅山峦绵亘、丘陵叠翠,而且因位处赣粤交界处,所以素来僻奥闭合,交通弗便。其不仅表现在诸如城镇小微且分布离散,发育、形成和开发的迟缓上,也映射在经济、社会和文化诸方面。由于北人麇集,土客错杂,内需不减,市集颇为热闹,也不乏四方贾客纷至沓来。如龙岩县前市,"厥市多旅寓,厥技多笔工、衣工、裱褙工，厥货朱墨、纸札、鱼盐、蔬果，间有庖人，售饮食，厥饮惟白酒、红酒、烧酒，厥食鱼肉、米粉、面线、馄饨、糕饼之类"；"南门市，四方百货攸萃，当日中，则米、菽、蔬、果、牲畜、鲜肉，塞衢充道，由南桥之左，达式安街之右，至摩肩不可行"；"东门市，货惟鱼盐蔬薪，四方之货不在焉"；"西门市，货物稀少如东门"[2]。而在北部的汀州，因其高山狭谷的地貌，故人烟、耕地俱少。据《临汀志》载：其境"田多依山，无甚旱涝。汀在闽而南，山樵谷汲，稻食布衣，故民之丰约不大相远；枲不出境，故谷价常贱。比屋而绩，故其布多品"[3]。地理环境作为人类生存和活动的重要基础和前提条件，客家地区也概莫能外，其变迁、发展特点深受其制约。这种影响不但自始至终存在于其历史进程中，而且还波及其发展的诸多方面。适宜于发展的地理环境，城镇较易获得发展；反之则较为缓慢。如建宁的区位和交通条件略优于他府，因"建宁居七闽之上游，襟山环水，东邻括苍，北距上饶，而西南之间，遥控交广，凡福兴泉漳诸郡品物之贡输，三吴两浙商贾之往来，罔不辐辏于斯，

[1]
戴志坚.福建民居[M].北京：中国建筑工业出版社，2009：42.

[2]
[明]汤相.(嘉靖)龙岩县志（卷上）.

[3]
郭天沅.文献史料研究丛刊（第1辑）[M].福州：福建省地图出版社，1988：37.

边藩要会，莫有逾于此也"[1]。这也说明，在社会性质和经济结构相同的条件下，地理环境和交通等是城乡盛衰的重要原因。早在明清时，培田便为长汀同连城两县官道上的驿站，又是汀州府、漳龙道的竹、木、纸、盐、油等物资和日用品的水陆中转地，故清代邮传官员项朝兴为"至德居"所题楹联"庭中兰蕙秀，户外市尘嚣"，即点明了村居庭院之静谧、雅韵和街衢集市的繁盛喧动之间互生共和的关联。这里既不乏占地数千平方米之巨的大夫第、衍庆堂、官厅等九厅十八井的大宅，也有天一公、隐南公、久公、郭隆公等30余座祖祠，南山书院、云江书院、等天学堂等书院群落，恩荣牌坊、乐善好施坊，包括从村头迄尾间、长2 000余米的古街，举客栈、布庄、药铺、酒馆、肉店、茶馆、纸庄等三四十家，昔时盛景可窥一斑。

闽西南永定、南靖等地普遍为坡度平缓、谷底宽阔的丘陵地形，吸引着土客人群在此生息和从事生产劳作。聚落主要分布在山岭之间的田峒、谷底边缘的山脚或与盆地的连接处——有较为平缓开阔的地势暨较多的耕地、充沛的水源溪流等，山体、聚集地、田亩、水塘、阡陌及植株等高低错落，组合多样。

七、城垣堡寨和村落

（一）城垣

闽地城堞的筑建和修葺大多同时局波动密切关联：如宋初拆毁福州城堞，其他诸县则大多不建。南宋后动乱频发，莆田城遂于绍定四年（1231）建成，"长一千二百九十八丈，高一丈八尺。表里以石，覆以砖，五门楼堞丹垩焕然。凭高望之，巨丽突兀，疑化人之所为，画史之所摹也。凡用石以丈计者五万七千一百七十二，砖大小六十七万八百，夫五万一千四百。靡缗钱二万四千六百七十七，楮币六万六千八百"[2]。宋代泉州城曾增修罗城，绍定三年（1230）又增筑翼城。明代府城沿用元蒙城墙：其周三十里，其高二丈一尺，内外皆石。城墙或壮于省城福州："其城高如省中而加广五百十九丈，且无省城九山及诸公署，而阛阓星联，科甲星联鼎盛。"[3]以至于葡萄牙人以更趋写实和直白的语言记述道："泉州市和我们所看到的其他很多城市都建有很好的街道，又宽又直。看到它们如此之直，没有任何东西凸出来，真是令人赞叹。"在谈到房屋建筑时，这样说道："房屋的基础部分是石砌的，但是其余部分都用木材建成。在马路的两旁有一些檐廊，由商人占用。除去这部分面积外，剩下的部分可以让15个人骑马并行。这些城市还建有拱形凯旋门，横贯马路两旁，所以人马只得从拱形门下穿行。拱形门的门楼建

[1]
林拓.文化的地理过程分析——福建文化的地域性考察[M].上海：上海书店出版社，2004：127—128.

[2]
[明]黄仲昭.八闽通志（下册）[M].福州：福建人民出版社，2006：1383—1384.

[3]
[明]郭造卿.闽中经略议//[清]顾炎武.天下郡国利病书.稿本.

在高高的柱子上,上面是木建筑,华美异常,用瓷瓦铺顶。"[1]

明清修城筑堞工程此起彼伏,惠安崇武城系曩昔为抗倭而修建的海防古城之一。明洪武二十年(1387)设置千户所,重筑崇武石城,全部用丁条石砌筑,城围总长2 567米,基宽4米,城墙(含塔基)高7米,墙垛1 304个,箭窗达1 300多个。跑马路分上下两层,阔4米。共设城门4座,东、西、北三门加筑瓮城,置烽火台。南门外修照墙作屏蔽,各城门均建有城楼。城门为外双重式,城门内均构筑连墙的敌台,环城还筑建供哨兵休憩的窝铺26座,城外掘壕沟。古城的东门外为演武场,相距约三里处的大乍附近有捍寨,城外青山、高雷山、东山、大乍山各设有烽火台,还有军房、公署、兵马场、粮仓、铁局、烟墩等,构成一套比较完整的军事防御工程体系。城内四条连通城门的甬道将古城划分为四象限的格局;城内四条排水沟也通往城墙低洼处的四个涵口,排水入海,并设水关1座,以防水患。崇武即崇尚武备之意。因其近处海域礁岩嶙峋,易守难攻,素为闽疆海防要塞,戚继光等英雄曾在此挥师驻兵,大展雄风。其城址平面略似梯形,南北长约500米,东西宽约300米,总面积约15万平方米。与此同时兴建的还有霞浦县大京堡,周长28.5米,东、西、南各辟1门,城墙高6.5~7米不等,宽约3.6米,乱石干砌,堡内用条石砌筑的街道长约1 200米,城北靠山,西南处有护城河850米。

大京城堡东临大海仅两千米,地势险要,素为海防巡检司之所。明洪武二十年(1387)江夏侯周氏依山修建城堡,设烽火门和南日山寨、浩屿等。明万历二年(1574)复行扩建,经数度修整,终成铁壁铜墙。该堡周长2 815米，设东、西、南三城门，门高2.82米，宽3.12米。共建城楼八座，其中，东门的瓮城为双重门。整座城堡墙高6.5～7米不等，顶面宽3.6米，基座宽5.2米，均皆方形毛石砌筑。城内街道长1 200米，宽3米，均为条石铺就。分设天地、迎恩、巷里和仓口等四亭。城堡外的护城河长850余米，其功之利，一如南门墙额所书："海涯屏藩""千户福宁"。

（二）堡寨

城堞不仅仅限于都城或关隘，也遍及边关、村镇和寨堡。战祸频仍时期不唯城镇等大中聚落普遍强化安全防御设施的修筑，村落乡邑等小聚落在选址、定基和建设时亦将防御列入整体中统筹考虑以保村邑乡族无虞[2]。传统县治村镇实体环境构成中的防卫观念意识、行为和实例，一是择址相地和建城设邑时综合审视山川形胜、拱卫屏障的攻防地理环境；二是构筑高垣厚垒、环形布防的堡垒城堞以抵御外侮、保存内部实力，两者或二而存一，或兼而有之。如福安市区西南15千米处穆水流域的溪

[1]
［葡］费尔南·门德斯·平托，等.葡萄牙人在华见闻录——16世纪手稿[M].王锁英，译.海口：三环出版社，1998：39.

[2]
在明及以前，村落市镇无故尚不能构建堡垒等防卫体系。东汉末年，社会动荡不安，乡邑亭制伴随着国家权力瓦解而渐趋式微，村落乡邑众多乡亲通常拥乡邑族群间名门大姓为核心，联合力量筑垒建堡以自卫，出现了拥有浓郁防御色彩的壁、坞、堡。魏晋南北朝时期，民生涂炭，人们为防暴避乱，纷纷集团屯聚，结坞自卫，如河东汾阴薛氏数世聚族据坞而守。关中则有程银、侯选、李堪、张横、梁兴、成宜、马玩、杨秋等八个坞堡集团，"各有众千余家"。十六国时期，北方刘氏、石氏等胡族侵袭中原，致使汉民被迫结坞自保，坞壁形式进一步扩展，并延展至南方各地。（赵克尧.论魏晋南北朝的坞壁[J].历史研究，1980（6）.）

永定县湖坑乡洪坑村振成楼

潭镇廉村，尚孑遗一圈完整的村际防御型堡墙，故又有廉村堡之谓。堡墙建于抗倭高潮的明嘉靖三十九年（1560），周长1 258米，现存均高约2.5米，宽约1米。外壁以卵石为基，内为夯土，块石叠砌壕沟。堡墙共设门6座，临溪、背溪各3座，临溪堡门前即为宽阔的商埠码头，民生和防御兼顾。昆山人顾炎武在《天下郡国利病书》中论及福建彰州府修堡构墙的缘由和分布时说道："彰州土堡，旧时尚少。惟巡简司及人烟凑集去处设有土城。嘉靖辛酉以来，寇贼生发，民间团筑土围、土楼日众，沿海地方尤多。"谈及泉州府时，又曰："（泉郡）东南濒海，接近岛夷，晋、南、同、惠诸寨，皆为备倭。……嘉靖季年，倭寇充斥，村落之民多以寨坚人强得免。"[1] 在闽东地区，也因为倭寇侵犯，各地纷纷筑堡自卫。又据清乾隆《福宁府志》记云："嘉靖乙卯，倭自浙入闽，蹂躏遍州境。……于是南若沙蛤、竹屿、南屏，西若厚首、清皓，东若七都、三沙，北若柘洋之西林，凡沿海奥区，竞起而兴城堡者，无虑二十处。"[2] 在发展演进中，其防御性及规模、类型和性质也在不断地变化。若论家族式的堡垒，

[1]
［清］顾炎武.天下郡国利病书.稿本.

[2]
［清］（乾隆）福宁府志（卷三九）.艺文志·赤岸堡记.

可以漳浦赵家堡和诒安堡为代表。

　　漳浦县湖西畲族乡赵家堡和诒安堡相距仅约两千米，建造时间前后相差仅数百年，在城堡的平面布置、空间格局等方面同中存异、同质异构。前例建于明万历二十八年（1600），系赵宋后裔仿照北宋都城汴京立意而建设的聚居之地，借以寄托对祖先的思慕和致敬。占地共约11.5万平方米，设内外两城：外城周长1 200米，高6米，有垛口，墙基宽4.3米，条石砌筑，三合夯土，依硕高山略有起伏，平面为不规则圆形。城开四门，均建城楼。其中，正门之北门筑瓮城，城墙修六座马面以及墩台、藏兵洞等。诸城门上石匾镌文：东门刻"东方钜障"，南门斫"丹鼎钟祥"，西门雕"硕高居胜"。东门内长达百米的石板街径与内城相接。城内东南缘的内城中有方形石基三楼一座，石匾题镌"完璧楼"。该楼平面为正方形，共484平方米，三层，高20米。每层16间，第三层无隔间，以供壮丁护楼守夜。楼中设天井，天井旁侧有地道连通城外。完璧楼外西侧分设忠堂、志堂和惠堂"三堂"，以及辑卿小院、武庙（今存遗址）、修竹花园和古井；西南隅有五座（第五座当时未建成）俗称"官厅"的主体建筑赵范府第，坐南朝北，由四座同式的建筑并列而成。每座进深67.5米，面阔19米，单檐悬山顶，抬梁式木结构；均为五进三十间，第三进为中堂，面阔五间、进深三间，第五进为两层。官厅前为铺石广场，前有水池，池上架设长24米、宽两米的石桥，桥身斫"汴派桥"三字，桥南土丘上矗立着方形七级石塔。城西南为林木区。

　　位于漳浦县湖西盆地中心的诒安堡面对交汇入海的三条溪流，形如

"楼船出峡",系黄性震于清康熙二十七年(1688)捐资建造。城墙用条石砌成,长1200多米,高6.7米。城上马道宽3.3米,城墙顶部外侧有两米高的夯土女墙,上开365个垛口。共建有四个谯楼,共25条登城石梯。4座城门均嵌石匾:东"迎曦",西"毓秀",南"诒安",北"承庆"。东、西、南城门设城楼,唯北门闭合,南门外有10米宽的护城河。城内共八条铺石街道,95座房舍,在城南、北处中轴线上建有三合土四合式三层土楼,以及祭祀黄氏开闽始祖黄峭的大宗祠堂,轴线西侧的黄性震小宗祠堂。堡内民居建筑规范齐整,纵横轴线清晰明确,且保存较为完整。

城堞墉壕的出现遂显示出不同于农村的特殊功能——中心地位的确立和辐射作用使之处于统率地位,役使农村供应城市——从这个意义上而言,传统农业社会中长期二元等级或分化或许与此存有关联。从文化史角度来看,传统人居环境暨都鄙、县治和村镇的安全防御的意识和观念也与原始时期积淀的潜意识和本能安危密不可分;而地理环境、特殊历史时段又强化了这种意识。无数区域性的小社会与外部世界处于相对闭合内向的状态——倾向于安宁、稳定的生活图景并呈现出相应的心理结构;稼穑为生又往往以"耕读传家"为憧憬,以穷兵黩武为戒。然鸿蒙既开,天下纷拢,无论大聚都会城鄙,中聚县域市镇,小聚村落乡邑乃至房屋庐舍,普遍地建有安全防御设施,旨在保家卫国。

(三)村落

闽省尚保存着众多传统风貌遗韵的聚落,现部分已成为游客趋之若鹜的新兴景点。表 5-1 为全省列入中国历史文化名村名录的传统村落，共 29 座，以及 2014 年第一批中央财政支持范围中保护和修缮的 16 座古村落名单，分布上西部多于滨海。

表 5-1　中国历史文化名村 1—6 批 /2014 年第一批中央财政支持范围村落（福建）

序号	所属市（地级）	地　点	批　次
1	漳州市	南靖县书洋镇田螺坑村	第一批
2	龙岩市	连城县宣和乡培田村	第二批 / 第一批财政支持
3	南平市	武夷山市武夷山乡下梅村	第二批 / 第一批财政支持
4	泉州市	晋江市金井镇福全村	第三批
5	南平市	武夷山市兴田镇城村	第三批
6	三明市	尤溪县洋中镇桂峰村	第三批 / 第一批财政支持
7	福州市	福安市溪潭镇廉村	第四批
8	宁德市	屏南县甘棠乡漈下村	第四批
9	三明市	清流县赖坊乡赖坊	第四批
10	龙岩市	长汀县三洲乡三洲村	第五批
11	龙岩市	新罗区适中镇中心村	第五批 / 第一批财政支持
12	宁德市	屏南县棠口乡漈头村	第五批
13	龙岩市	连城县庙前镇芷溪村	第五批
14	福州市	长乐市航城街道琴江村	第五批 / 第一批财政支持
15	南平市	泰宁县新桥乡大源村	第五批

（续表）

序号	所属市（地级）	地　点	批　次
16	福州市	马尾区亭江镇闽安村	第五批／第一批财政支持
17	龙岩市	新罗区万安镇竹贯村	第六批／第一批财政支持
18	龙岩市	长汀县南山镇中复村	第六批
19	泉州市	泉港区后龙镇土坑村	第六批
20	漳州市	龙海市东园镇埭尾村	第六批
21	宁德市	周宁县浦源镇浦源村	第六批
22	宁德市	福鼎市磻溪镇仙蒲村	第六批／第一批财政支持
23	宁德市	霞浦县溪南镇半月里村	第六批
24	三明市	三元区岩前镇忠山村	第六批
25	三明市	将乐县万全乡良地村	第六批／第一批财政支持
26	莆田市	仙游县石苍乡济川村	第六批
27	龙岩市	漳平市双洋镇东洋村	第六批
28	漳州市	平和县霞寨镇钟腾村	第六批／第一批财政支持
29	三明市	明溪县夏阳乡御帘村	第六批／第一批财政支持
30	三明市	永安市燕西街道吉山村	第一批财政支持
31	三明市	永安市青水乡沧海畲族村	第一批财政支持
32	泉州市	永春县岵山镇茂霞村	第一批财政支持
33	南平市	浦城县水北街镇观前村	第一批财政支持
34	宁德市	福鼎市店下镇巽城村	第一批财政支持

从闽西北和闽江上游遗存的古代村镇聚落看，规划和经营的遗痕明显，武夷山市兴田镇城村街巷有序，分设横街、大街、下街和新街，以十字交叉式井字形布置。30余条小巷纵横穿插，迂回曲折。街巷中多有街亭，横卧于街衢之上；四周安寨墙环饲，设东、北、南三面四个寨门。其门两层构造，二层墙面置孔可供观察，寨门按对景手法处理。该村位于崇阳溪水系同武夷山脉交会之处，三处环碧，四合山峦叠翠，环境优越。村址坐北朝南，总面积约40公顷。

武夷山市武夷镇下梅村以位处梅溪下游而得名。村落四周群山环抱，梅溪与当溪交汇，形成"丁"字形交接，呈东西向横贯全村。其中，作为主轴线的当溪穿村而过，沿溪两岸西北两街道俨然。在清康熙至乾隆年间，此地为武夷山地区著名的茶市，茶叶交易隆盛。当地茶商邹氏出资将当溪进行疏浚改造，成为运输茶叶的"运河通道"，同时，基于遮风避雨和便于交流，南北两街的街衢空间也逐渐演进成风雨廊棚。村落占地面积约220 140平方米，建筑面积约124 800平方米，以邹、陈、方、江为主要姓氏，现有500多户人家，2 000余人。村中建筑群以邹氏家祠为中心，向四周扩散。

除了上述列入国家历史文化名村和第一批中央财政支持范围中保护和修缮的村落名单外，还有众多不乏历史、文化和建筑等多面的价值的村落，位处闽中永安市南极近连城县的美坂村就是一座庶几被"遗忘"的乡村。该村与上坂、中坂村邻接，西距小陶镇5千米，择址得形势派之旨奥：乌石、观旗和大金钟山宛如三足鼎峙于洪砂片地质的南、北、西方位，一弯文川溪逶迤蜿蜒，顺山延势在此处形成三条弯弧，往永安处一路流淌不息。美坂村等恰处于溪流外弧处，背倚叠翠，面朝清流，黛色岚光，山川静谧。我曾于十年前（2005）春天访问美坂，得悉村民以罗姓为主体。据罗氏族谱载，罗氏原籍豫章（今江西）洪州（今南昌），迁闽后聚族而居，耕读传家，恪守传统礼制和家族戒律，遗风善俗，村落构图、布置井然有序。现村中遗存堂院17座，庙宇和小型庭园若干，其他如堡楼、文昌塔、贞节坊和建功柱（旗杆）等均已毁。

山高溪急的闽南南靖县书洋乡的石桥村，是迄今保存较完整的村落。村庄房屋散聚不一地分布在三团溪两翼，诸单元系借助山地起伏和沟壑溪涧自然物态自发地分隔成形，三团溪将石桥分为两片：溪北岸东山麓垟田处为门口垟，南岸三面环水的滩地是溪背垟，三团溪两侧的南岸称作长篮，长篮西侧山谷中叫洪坑坝，以及三团溪下游处的望前村。四个聚居单元的建筑和空间形态大致是：门口垟是张氏族人初始开发的地段。各支系纷纷仿效大宗祠在此兴建支祠，楼房和祠堂避开垟田，以维护有限的耕地资源。三面临溪的溪背垟地势平坦，也常受河水泛滥之累。三团溪西岸为平缓的坡地，族人先后在此顺势因形而建方楼和长方形土楼，高低相间，错落有致，南面溪涧汩汩，层次丰富。洪坑坝聚集于洪坑溪上游的坡地间，村舍顺山谷呈台阶形布置，溪岸石阶重叠，坡间楼宇错落，山上翠微沟壑。离石阶约1千米处的望前村沿溪南岸边分置；长篮居住区背山面水，沿等高线自三团溪走坡坎起分别为长源楼、逢源楼、振德楼和十间房楼，其间山道蜿蜒，竹树掩映，卵石墙基、黄土墙身以及临溪木、木构门户窗牖与黛瓦，在旭日东升或日暮夕阳映射和湛蓝清澈的溪涧河水、河滩巷石、飞架石虹等一起，构成了山间富有诗意的人居环境[1]。

八、其他建筑

（一）宗教和崇祀建筑

福建境内最早的佛寺大约建于晋太康年间（280—289），绍因寺、延福寺发轫。现存著者如福州鼓山涌泉寺、华林寺、西禅寺，闽侯雪峰崇圣寺，泉州开元寺、承天寺，厦门南普陀寺，莆田广化寺，邵武宝严寺，宁德支提寺，漳州南山寺等。其特点一是规模庞大，开间宏阔。如涌泉寺占地25亩，30余座殿堂；西禅寺占地近百亩，40余座殿堂；开元寺大雄宝殿面阔九间，进深七间，殿通高20米；西禅寺大雄宝殿面阔36米，进深34米。二是古制盎然。华林寺构件均为榫卯相合，主要梁架、斗拱（七铺作、双抄双下昂、重拱偷心造）等乃北宋乾德二年（964）初建时原型，历经修缮仍保持唐韵宋风。开元寺大雄宝殿的铺作不用昂；穿斗草架、平棊天花、等高铺作及柱网的组合，糅合了唐、宋南北方的建筑技艺和成就。尤其是大殿的减柱处理，优化了建筑平面和空间的功能要求，进入大殿顿觉空间宽阔。

佛教建筑中的塔幢异彩纷呈——闽地工匠赋予浮屠以丰富多样的造型、瑰丽的藻饰和多样的材质运用。虽历经千百年的自然侵蚀或灾害破坏，仍有众多屹立如故。广化寺左侧文佛塔外檐举翘，造型优美。泉州市中心开元寺的镇国塔和仁寿塔东西对峙，相距约200米，仿木构石塔。其中东塔初建于唐，南宋嘉熙二年至淳祐十年（1238—1250）改为八角五级仿木构石塔。塔幢高 48.27 米，每层开四门四龛，外有回廊，护以石栏。塔身多层佛龛浮雕佛像近百尊。塔心为八角形实体，塔基须弥座。五层补间铺作均两朵，以罗汉枋相连，并在上层中用鸳鸯交首拱以解决中距之不足。西侧的西塔初建于五代，南宋绍定元年至嘉熙元年（1228—1237）先于东塔 10 年建城。该塔石构八角五级，通高 45.06 米。其特点是柱额上出双杪偷心斗拱承檐，下二层补间铺作两朵，上三层补间铺作一朵。东、西塔矗立于开元寺前，秀出云表，增色古城。其他著名的双塔还有市建溪与西溪汇合处东、西两岸山上的明塔，与南平古城隔江相望，是为南平的重要地标。

自晋太康九年（288）在泉州东街首建白云庙始，闽地道观遍布。位于莆田县城厢的元妙观初建于唐贞观二年（628），三清殿重建于北宋大中祥符八年（1015），明、清屡有修葺，仍保持宋代建筑风格。其他如天地殿、东岳殿等均为明构。上杭县蛟洋村的文昌阁竣工于清乾隆十九年（1754），两侧有天后宫、五谷殿，占

[1] 李秋香. 中国村居［M］. 天津：天津百花出版社，2002.

地面积1 500平方米。阁外六层内四层，高26.9米，木构。其中，一、二层方形，二层以上为八角形。诸层飞檐翘角，八角攒尖顶。底层为厅堂，二层作神殿，四围设回廊，顶层八面均设窗牖，融厅堂殿阁于一体，构思巧妙，构图富有变化，形态独特。文昌阁后尚有镇水亭，右存回龙桥等公共建筑和设施，相互呼应，形成一系列村落公共建筑景观。

历史上兴建的众多庙宇祠堂，以示对开发、建设福建和保佑百姓作出特殊贡献人物的尊崇。治闽达29年的王审知（862—925）被后人誉为"开闽王"。后于晋开运三年（946）在其故居（今福州市庆城路）改居立祠，忠懿王庙位于庆城寺，奉旨祀典。至北宋迄清五度重修。现存仍保持明代风格，红墙碧瓦，流线形墙体，檐下纹带环绕。妈祖，俗称林默娘，相传生于宋建隆元年（960），28岁时"归化升天"，因生前在莆田湄洲岛上事亲至孝，救航船、助海舶。雍熙四年（987）渔民为其立庙奉祀，后被奉为海神，宋、元、明、清历年褒封多达28次。位于闽侯县新州村的新州将军庙始建于明中叶，为纪念金姓始祖而建。三进的庙宇依次排列门楼、戏台、酒楼、钟鼓楼、前过雨亭、正殿、行台、后过雨亭、厢房、后殿等建筑，庙内雕梁画栋，藻饰富丽精美、华绮玲珑。还有福州澳门路上的林文忠公祠，系为纪念林则徐而建。祠门东向两道仪门的额题分别为"中兴宗衮""左海伟人"，第三道门的中门题名"名垂宇宙"，右为"贯日月"，左为"壮山河"，高度概括了其彪炳千秋的丰功伟绩。

随着儒学的盛行和科举制度的发展，历代遂兴建孔庙，兼作学宫和书院。其中泉州府文庙、安溪县文庙、建瓯县文庙等保存较完好。泉州

武夷山市城村李氏家祠正立面

府文庙与府学始建于宋太平兴国元年（976），七年，办府学于庙内。清乾隆二十六年（1761）修缮。左学右庙建筑群包括：宋咸淳元年（1265）重建的大成殿，明嘉靖二十二年（1543）重建的明伦堂、泮桥，万历四十年（1612）改圆的泮池，以及入清后重建的棂星门、大成门、金声玉振门等。两组建筑群规模宏伟，布局严谨，建筑精妙，为省内最大的孔庙。位处海疆的福建自然希冀关帝之神奇，保佑平安。无论是诏安县南诏镇的武庙，抑或东山县铜陵镇岵嵝山东麓的关帝庙，均踵事增华。前者自明嘉靖至民间屡次修缮，现庙占地524平方米，二进二廊，门楼、门楣、墙肩皆花岗岩石作，脊饰装饰琳琅满目。后者始建于明万历年间，历代均修葺。庙由门楼和正殿组成，屋面覆绿琉璃瓦，装饰各种剪瓷雕塑。

名列全国重点文物保护单位的艾苏哈卜清真寺位于泉州市涂门街，创建于北宋大中祥符二年（1009）——伊斯兰历400年。据石碑记载，元至正十年（1350）、明万历三十七年（1609）两度修葺。现存建筑有寺门、奉天坛、明善堂，是国内唯一一处用花岗石和辉绿石建造的典型阿拉伯中亚风格的清真寺，也是现存最早的国内伊斯兰三大教寺之一。它印证了泉州对外交通贸易的历史，成为与阿拉伯各国友好交往的见证。

闽地祠堂家庙普遍，通过开祠致祭和相关的家族活动事项将族众牢固地纽结在同祖共宗的牌位之下，形成一个个严密的血缘组织，在传统村镇尤其是血缘性村镇中，映现出明显的空间特征和特色。如南靖县书洋乡塔下村的张氏家庙德远堂建于村庄南面山坡下，坐北朝南，占地广约4 000平方米，建筑面积近600平方米，中轴线上主体建筑为二进二廊一天井，左右两翼对称东西方向厢房；家庙前是一处半圆形的池塘，两侧与建筑东西两界相齐，池塘前两边石坪上耸立着22支高10米许的石龙旗杆，屋后山坡处依坡地等高修葺了两圈与前面池塘等同形状的半圆形"阶梯"，构成了纵长形、前后弧形和左右平直的完整图式。这种视觉上颇具装饰性图式的经营意匠，以物态结构及图式的方式最大可能地彰显和充盈着向心性和中心感，蕴含着象征意味——屋前的禾坪和池塘一为长方，一为半圆，布置在建筑的前方。半圆状的池塘平面形式又涵泳着环拥建筑的归属感和向度，整体的圆形图式，宛如阴阳两仪的太极图[1]。

八闽山地人口流动较少，几乎村村设祠，绝对数多于沿海。武夷山市武夷镇下梅村当溪北岸的邹氏家祠，修建于清乾隆年间，坐北朝南，建筑面积270余平方米，占地300余平方米。其平面为传统合院式布局形制，前后两进，中轴对称，以砖木结构为主。主立面门楼为六柱七屏式，气势恢宏。中间大门及两侧门洞，方圆高低各有不同。门楼两侧以八字形构成，益彰其势。祠堂"三雕"精美绝伦，雕工精湛。其中，门楼立面咸以砖雕藻饰，无论人物刻鏨，还是祥禽瑞兽的塑造，均精细逼真，栩栩如生。

[1]
刘森林.中华民居——传统住宅建筑分析[M].上海：同济大学出版社，2009：154—157.

除了数量众多外，祠堂大多年代久远。如堪称现存最古老祠堂的罗源县中房乡曹峰村陈太尉宫（英惠王祠），建筑内葆有宋、明、清诸朝的木构，实属宝重。此外，尚存明构的晋江市丁氏宗祠、清代遗构邵武市李纲祠、安溪县湖头贤良祠等，不一而足。兼设戏台，是福建祠堂的又一特色。祖祠不仅仅为祭祖之地，还是族人聚会议事和重要活动之所——在祠中观戏成为庆典活动的必存之义。通常设其于入口一侧，戏台正对神殿，族人聚集于天井、大殿或两厢中观摩——两厢也多加层乃至两层楼座，形成围合性甚强的子空间或"包厢"。如陈太尉宫戏台布置在宫门背，同构架屋顶及宫门融为一体。台口向西面对正殿，后台及两侧为戏房，两边侧楼上延伸为看台，其下为出入通道。

（二）公共建筑

代表福建较高建筑水平的还有谯楼。据《八闽通志》记载，宋代闽城中谯楼普遍，如漳州谯楼"累石为基，高二丈许而楼于其上"[1]。海商蒲寿庚在泉州城东海岸建天风海岸楼，以瞭望远洋海舶的回归。福州谯楼重修于元泰定年间，"遂增筑两观，构重楼八楹，用石柱凡十四有四，高九十八尺，深八十一尺，广二百一十尺"[2]。还有现存较完整的邵武和平镇东门谯楼等。著名的莆田古谯楼坐落于市中心文献路，初为宋兴化军的子城城门和门楼，为北宋太平兴国八年（983）军治移设莆田时所构。现存为清康熙三十八年（1697）重建之物。楼体三层，平面呈长方形，长50米许，高约25米许。底层台基石砌，中设门洞，洞中央仅置横梁而不作券式。台基东西端外突作阙状，平面呈凹形，保持赵宋原式。台基上为木构两层楼阁，重檐歇山顶，面阔七间，进深五间，斗栱宏大，部分结构尚有明末清初遗存。楼上层周围回廊，置砖石围栏。

现存书院如闽北武夷山五夫镇乡贤书院、紫阳书院、建阳谟武仓山书院及邵武和平书院等，外观保护尚佳。永安市西洋镇福庄村遗存一高低错落、变化多样的带桥书院，堡墙用河卵石加三合土夯成，用花岗岩条作窗梃。南向门洞用花岗岩石双层砌置，二道石门内为面阔五间、进深六柱的门庭和三层楼阁，进入正门楼、天井，两侧为厢房和书斋。东侧依墙而建的面阔五间、进深三柱的墙屋一字排开，上一级砖砌台级至小巧庭院。拱门内两侧设台阶上至正堂檐廊。经空坪、台阶可至中轴线上的两进堂屋。第一进为面阔七间的正堂。出后轩，经过水亭至后堂与后楼。后楼为三层楼阁式。三层楼设前、后廊道，前廊道与跑马廊相连，后廊道与部分土墙相连。

（三）构筑物

古代福建桥梁建筑既传承了中原地区建桥技艺，架设浮桥、木桥和石拱桥，又采取了

[1]
［明］黄仲昭.八闽通志［M］.福州：福建人民出版社，1991：755.

[2]
同上：739.

"筏形基础""种蛎固基"的创新技术和方法砌基筑墩,用"浮运法"架设数十乃至百吨的石梁,建成了全国第一座跨海梁板式的万安桥(今洛阳桥)、安平桥等,绵延千年不坠。位于泉州城东洛阳江上的洛阳桥始建于宋皇祐五年至嘉祐四年(1053—1059),工匠们"垒趾于渊",运用"种蛎固基"和"浮运石梁"等古代技术并因地制宜,创新筏型基础施工法建构桥墩,成为第一座海上简支梁式石桥,堪为全国乃至世界桥梁史上的一大创举。现存"中亭""西川甘雨亭"石亭两座,经明宣德、万历、民国三度大修,现桥长为834米,宽7米,桥墩31座。主体仍存宋风明韵,1988年被列为全国重点文物保护单位。同为全国文保单位的晋江安平桥,横跨晋江、南安县交界的海湾上,长约5里,俗称五里桥,系国内和国外中古时期最长的桥梁。工程自宋绍兴八年(1138)迄二十一年(1151)。全桥原长2491米,现长2070米,宽3～3.8米。方形桥墩259座,船形墩27座,半船形墩45座,均以花岗石砌筑。

除石桥外,溪涧纵横、江河密布处遍布木桥,闽北木桥上多建亭阁供人休憩。宋代木桥的代表是漳州柳营江上的虎渡桥,石基木构,据《八闽通志》卷十八载:"(桥)长二百丈,酾水一十五道,东西各有亭。"该桥石墩高达30余米,称冠闽省。现存廊桥主要分布于闽中的贡川、闽北政和等地。如政和县澄源乡杨源村尾廊桥,桥端设英节庙祭祀村落祖先张谨;花桥村"五亭桥"同浙南泰顺廊桥肖似,飞檐翘角,气势开张。

(四)牌坊

遍布八闽的牌坊除了祠堂坊外,还有众多其他纪念性、指示性

武夷山市五夫镇兴贤书院

等功能的牌坊。前者如明崇祯元年（1628）为纪念叶向高而建的黄阁重纶坊，位于福清市南门外利桥街，用白色花岗石砌筑，三间三楼十二柱式，长方形平面，通高10米，重檐四坡顶，为闽江下游地区明代石坊精品。同为纪念性质的仙游关东门街的东门石坊，又名乐善好施坊，为旌表富商陈天高父子捐资兴建金石书院的善举，特旨建坊，清道光五年（1825）破土，历三十年竣工。该坊以花岗石为材，楼阁式仿木结构，三间三楼四柱式，明间面阔3.21米，通高13.9米，四坡顶，集中地反映了清代莆仙地区的建筑风格和特色。此外，武夷山城村百岁坊、诏安深桥功罩闽粤坊等亦各具特色。前坊位处武夷山市兴田镇城村口华光庙前，坐西朝东，明万历年间为邑人赵西源百岁庆寿时所建，现存为清乾隆间修造。木构，三间三楼十二柱，歇山瓦顶，檐下施人字如意斗栱，飞檐翘脊，朴实精巧。后坊位于诏安县深桥镇闽粤交界的分水关上，建于明崇祯年间（约1833）。坊为花岗石仿木结构，三间三楼四柱式，居中屋顶为单檐歇山式，屋脊上又盖一小楼，十分罕见。左右两次间的屋顶上翘。坊匾东书"功罩闽粤"，西镌"声震华夷"，下署"福建广东乡缙绅士民同为大总戎都督郑芝龙立"。

相对纪念性旌表坊的普遍，指示性功能坊则较稀少，林浦尚书里石坊系该类牌坊的典型。此坊位于福州林浦乡乡口，清乾隆初年奉旨建于北宋石桥上，1994年移位复建。石坊也为三间三楼四柱，冲天式柱，柱顶出头作圆柱形云冠，錾流云纹饰，在闽地甚为鲜少。柱前后以夹杆石支撑。坊顶立三个屋顶，粗犷简洁，尺度小巧，造型别致。

第六章 / 民居建筑

闽地以中原传统文化和地域文化的复合为主色调，综合自然、人文、技术等多种因素和作用力，基于多样或迥异的环境资源、生存条件和生活习惯等的差异，形成和建构了无论是建筑体形、结构、造型，还是类型、材料和藻饰异常丰饶的面貌和景象。其材质、工艺技术以及流派风格也为多元并置，同异互现。传统民居中既不乏葆有传统正脉的合院式构图和类型的建筑，也不乏结合在地气候、习俗及其他方面和元素的统筹，创新奇丽，样式迭出，抑或融合华洋、杂糅中西的探索和努力。从单元到大厝、单体到组群、小微到体量庞大或壮硕，不仅平面构图和形态布置变化丰富，而且在空间塑造和建构中，庶几一个地区一种或多种形式及风格，堪称千家万色，蔚为大观，是传统民居形制、类型、样式及用材最丰赡的省区之一。

一、闽海厅井型住宅

（一）莆仙民居

依据方言、地域文化和自然条件的区别，闽海厅井型民居通常包括莆仙、闽南、潮汕和台湾四大区域[1]。宋太平兴国四年（979）析泉州立兴化郡，辖境相当于今莆田和仙游。时北方汉民在莆仙平原聚族而居的格局业已基本形成。林、陈、黄、蔡等大姓及方言、习俗基本相同，故民间称莆、仙两民为兴化人。介于闽东和闽南之间的莆仙，建筑兼有两者特色。故其虽不能算闽海厅井型或广义闽南民居中的典型，却也以自身的特质和风格屹立于八闽民居的百花园中。

莆仙民居中稍具规模者以纵向多进式四合中庭布局为主。如仙游县盖尾乡仙华村陈宅，主体建筑中轴对称，由一组四合中庭型建筑和两侧扩护厝[2]组成，居中为矩形天井，前后均五开间。大门入内为下厅，两侧各有两间下厅房；明间上厅、前后厅房之间连厢房，上下厅面对围合天井，形成厅井空间。东西两部分的居室，围绕小天井和敞厅组成

[1]
闽海区域总体上分闽北、闽中、闽东、莆仙、闽南和台湾六个区域，如果从文化和民系层面，广东潮汕也属此类，此分类主要相对闽地客家民系。本书已将闽北、闽中和闽东分列，故仅含四个区域（戴志坚.闽台民居建筑的渊源与形态[M].福州：福建人民出版社，2003：19—20.）。

[2]
护厝，即护屋。厝（cuò），福建等地泛指民居为古厝，护厝指纵轴线形成主院落，左右两侧成排对称地布置一系列的房屋。

窄长纵深的平面形式，分设两门沟通内外。中小型住宅平面为"一明二暗"加牵手的三合厅井型。莆田市江口李宅后部主体建筑两层，前部一层。入口位于前端边侧，一侧三间厢房，一侧花园，居中庭院宽敞疏朗。主体正房五开间，居中厅堂，两侧前后共四间房屋，上下楼梯分别位于厅后端和台明两翼。外墙以青砖间石砌筑，屋脊起翘，装修较为精细。

莆仙民居单体有一明两暗、一厅四房和五间厢之分。一明两暗即一厅两横向一字形平面布置。一厅四房也俗称四目厅，即将居中明间厅房和两翼房间分隔成前后两单元，以充分利用纵深较长的室内空间。五间厢系在一明两暗、一厅四房的两侧增设厢厅及后房，以裨进一步扩大使用和操作空间。在上述基本单元中继续增生或扩展，便形成大厝。在五间厢式基础上扩展成的大厝以横向增生为旨归，复加护厝。如此这般的阔开间和浅进深的横向布置，无疑在采光、通风、高密度等方面颇显优长。

莆仙传统民居中轴线明确，左右对称，主次分明；轴线中厅堂空间宏敞，尺度广硕，厅阔可达6～7米之广。以莆田城厢区庙前路陈经邦邸为例，因其曾累官至南京刑部员外郎，故府邸气象非凡，占地面积2 833平方米，坐西面东，以大厅为轴线，两两对称。重叠三座七间厢的平面构图中，前后计七进深，正厝为主体，南北增加护厝，大小房间百余间。第三至第五进为重叠三座七间厢9个天井的正厝，明间敞口，深九架，阔7米。由此往两厢展开，分设正房、厢厅和厢房，系该地区保存最完整的明代宅第建筑[1]。

莆仙民居建材既为生土,也与砖石混砌,砌筑方式与泉漳方仔石墙类同。粗略地看,莆田暨城厢、荔城、涵江和秀屿区因濒海,砖石混砌即红墙赤瓦数量多于西部山区的仙游;大型住宅以红壁瓦钉在墙体或构架上,护墙和装饰臻于一统。外观暨墙面上集雕镂、泥塑、壁画和贴面为一体,细节局部装修和艺术手法争奇斗艳,琳琅满目;材质和色彩往往饱和度偏强,浓丽鲜艳,对比强烈,彰显繁缛富丽的倾向。反之,以生土为主要建材的仙游民居布置更讲求与地形环境的耦合,平面和整体趋向灵活,单体较莆田略小,装饰装修也较朴茂。

(二)泉州民居

如若细分的话,闽南民居还可以进一步界分为四个亚区:北片以晋江流域大部分地域为主,包括泉州、晋江、石狮、惠安、安溪、德化、永春、同安、大田和尤溪;南片为九龙江流域地区,含漳州、龙海、长泰、华安、南靖、平和、漳浦、云霄、诏安、东山以及粤东潮汕;西片为漳平和龙岩;东片为厦门和同

[1]
蒋维锬.莆仙老民居[M].福州:福建人民出版社,2003:149.

安。在地域和建筑形制上，又可分泉州、漳州和潮汕三大匠派。其平面格局及建筑模式以三合天井、四合中庭型为核心，向纵横或纵横向结合而成；在人口麇集区，还衍生出往纵向延展、单开间呈带状的竹筒屋型。

以泉、漳、厦为代表和主要范围的闽南民居，平面布局都以"三合天井"型或"四合中庭"型为核心方式，向纵、横两维或纵横向结合发展。该地区盛行中庭加两侧纵向"护厝"的形式，以建于清光绪年间（1875—1908）的泉州市鲤城区亭店村旅菲华侨杨嘉种（阿苗）宅为例，长方形的平面对称，坐北朝南，占地面积1 349平方米，由中央主体建筑和东、西护厝组成。宅前用1米多高的墙垣围合成长方形石垣，院门设在东西两侧错开布置。主体为两进四合院，正房面阔五开间。在梢间与厢房之中增设四个小天井，形成四个小天井环绕中心大天井的格局，俗称"五梅花天井"，使中央部分空间十分丰富。两侧的护厝东南处幻化作两进式，居中夹持一"覆龟亭"以作书斋和客厅；横向组合的护厝式平面，面阔而进深浅。两翼小天井的巧构一方面有效地适应了炎热的气候，另一方面具备了灵活性——家庭人口一旦增殖，建筑则往左右扩展。如此布置，"它比起纵深方向组合的多进式布局，相互干扰少，采光通风好，建筑密度大，交通便捷又利于分户。与多进式相比，它无须多进的、高大的正房和大厅，使木料大为节省，居室面积比重显著增加……"[1]其屋面为穿斗式木构架，悬山顶，燕尾吻脊。红花砖墙堵，白石浮雕墙裙，系全国重点文物保护单位。泉州等地四合厅井型的平面布置，暨中央厅井、四周分设小天井的格局——前厅、后厅与中央厅井的宽敞通透，既照顾到中轴对称等礼制传统因素，又建构了疏密有效的空间关系；檐廊与天井空间贯通一体，扩展了走道作为单一交通的功能性。前后天井的墙为隔，间以门洞和漏窗，分隔和通透兼具，增添了空间层次。对于减弱炎热夏季带来的种种辐射和闷热，获取凉风和荫翳，十分适合。

闽南地区的黏土中三氧化二铁含量高，所烧制的砖瓦呈红色，当地普遍用作屋面和墙身，色彩纯度既高，视觉和藻饰性也就颇为强烈，同时也寓含吉庆祥和的期待；红砖质地坚硬，以白灰勾缝处理，则增精致和华丽感，以及量大面的青白石材的运用，等等。

晋江市青阳镇青华村庄铭真宅为当地民居的代表。平面布置为四合院单向带护厝式，四合院第一进五开间，明间大门入口"吞口"与下厅、次梢间为下房、角间，后廊是宅内第一条横道，与护厝相连；第二进亦为五开间，明间前后分大厅与后轩两单元，大厅前廊洞敞，可通护厝、边门，次、梢间为大房和边房，以内走廊分前后房，内廊通护厝，两侧厢房面对

[1]
黄汉民. 福建民居的传统特色与地方风格（上）// 建筑师（19）[M]. 北京：中国建筑工业出版社，1984：185.

天井处置前廊檐，天井、敞廊、下厅和敞厅等共同构成了住宅的中心。庄宅东面单向设护厝，以过水房与走廊相连，形成三个小天井；护厝北端为两层，楼前有凉亭和屋顶平台，在扩大使用空间之时，亦增润了生活起居的情趣。

南安市官桥镇漳里村蔡资深建筑群大概是闽南地区现存规模最庞大的建筑遗存。笔者曾于2009年8月9日自泉州抵达专事调查，得到文管会主任热情接待，允我攀至村中制高点拍摄。据称蔡居自清咸丰五年（1855）迄宣统三年（1911）建成，耗时56年，现存民居院落共16座。院落之间前后相距10米许，座间均设花岗岩石板铺敷的石埕；左右每座院落房屋山墙之留置约两米宽的防火通道（火巷）。每座院落进深均为二或三进，面阔五间兼带双边护或单边护，占地面积大多在350～1 850余平方米之间。蔡资深建筑群东西通长200余米，南北通阔100多米，占地面积三万多平方米，总建筑面积16 300余平方米，大小房屋400余间。纵观该建筑组群，虽系不同时间所建，但同质性颇高，例如基本统一的硬山顶、燕尾脊（居中主体房屋）；一色的红墙丹瓦、青白石构成的凹寿式门斗入口，穿斗式木构架，精妙秾华乃至富丽烦冗的雕髹藻饰，木斫石刻、砖雕灰塑、彩画陶塑以及门额门堵、屏壁隔扇等构件单元中比比皆是的真草篆隶书法，工笔写意绘画，极大地增润了建筑的艺术性和审美情趣。据此推测，其应属于"一次规划、逐步实施"的建设模式；虽然已有约4～5处院落或围垣隳毁，但规划的整体意匠和构思仍循迹可识。其次，因蔡资深为旅菲律宾豪富，一方面眷恋故土乡愁，形制和组合中呈现了传统礼制的范式和闽南建筑的特点，另一方面吸纳了南洋、伊斯兰地区及西方建筑的元素，形成了近代闽海厅井型住宅泉州风格的典范，闽南建筑的瑰宝，列入全国重点文物保护单位序列可谓实至名归。

与石狮、厦门隔海相望的金门县民居建筑庶几为泉州风格的再现，其金城镇、金沙镇诸地的三合型、中庭型住宅在一定程度上比泉、晋、漳等地的建筑遗存及形态似更趋完整和纯粹[1]。泉、漳、客家人等移民过台后，成为台湾地区社会经济发展的主要力量，广泛分布于台北、台南、台中、彰化、高雄等地。其中，闽南派建筑是其最主要的建筑形式。泉州移民固守本土原乡建筑特色，民居式样相对纯粹。除了重视屋脊、屋面的曲线、外墙屋身和屋面采用闽南共同的红色砖瓦外，房屋大木结构用料修长，瓜筒呈劲捷修长的木瓜形，叠斗、束及束橢数量较少，房屋整体颇为典雅、疏朗、华美和精妍。如金门县金沙镇后山村民居、台北林安泰厝。漳州派建筑除了闽南建筑共同的特征外，木构用料粗硕，瓜筒多呈圆球状的瓜形，叠斗、束、束橢的数量也多于泉州派，整

---

[1]
20世纪中期后，海峡两岸关系紧张，金门岛青年人大都选择外出谋生，房屋建设停滞，却也因此完好地保留了原初的住居。

体形态具有华丽、精约、清肃和开张气势的意味，实例如台中林宅下厝宫保第、台北板桥林本源旧大厝等。

（三）漳州民居

历史上厦门隶属漳州，建市晚近，且建筑近似于前者。漳州芗城区蔡竹禅公馆原为清中叶吏部尚书蔡新府邸，20世纪40年代蔡竹禅购置并修复使用。该馆为三进两厢式四合院，包括大门、围墙、大埕、主体三堂二横房屋和花园，占地面积达2 865平方米，坐北面南，格局规整。公馆中轴线上依序布置前、中、后三座厅堂并呈前低后高等高线，两翼护厝计19间，不仅高度低于居中轴线厅堂，而且其平脊式圆坊屋面与厅堂燕尾式翘脊形成尊卑上下。相对于蔡邸的官居气息，位于漳浦县湖西畲族乡顶坛蓝廷珍的提督府更具威势，格局也更完整，规模庞大。户主蓝廷珍累官清初澎湖副将、南澳总兵、福建水师总督加左都督衔等。府邸占地4 400余平方米，建筑面阔52米，进深86米，总体平面呈纵长矩形状。其主体为三进含三佩剑式的中庭型平面构图，后缀（西面）为一两层楼居加背倚三围护厝，加上横阔七间的第一进，构成纵向层层递进的五进院落。中轴线上自东而西依序为门厅、前后堂、主楼、后厝，前三进的两侧用过水廊连接护厝，大院中套小院，首进及左右后厝环侍，空间闭合。

（四）纵深式厅井型

纵深式面窄类的居住类型是着眼于人多地少而联列建造的一种高密

度住宅，旨在经济俭省和便利生活，广布泉、漳、厦人口密集区。

泉漳地区称单开间纵深式住宅为手巾寮，通常面宽4米一开间，纵深7.8～20余米不等，现存实例多至40余米。纵向上由若干天井组织纵向拓展延伸。从功能上约可分为两类：一类是商住两用型，即前店后居型，此处不赘。另一类为纯粹住宅，其平面布置形式大体为入口门厅、天井、祖厅、厅后房、小天井、大房、后房、厨灶和后尾。房屋二落、三落、四落不等。其中，临街巷入口前形成可供人行的檐下通道，向天井一面形成敞廊，屋内居中或边侧设一条贯穿前后的窄弄廊道。据考证，早期的廊道多为直线型，从入口直落到底，裨于商务活动，故多属店宅一体者；晚期的廊道普遍采用折线型廊道，既保证了一定的居家私密性，又增润了空间的转折和变化。具体表现为第一落房屋的廊道过门厅和天井后，在第二落时移至相对的一侧而错开，阻隔了前部门厅、天井与后部生活用房的视线联通[1]。

纵深式手巾寮布局紧凑，平面布置有一定程式。在两侧共用界墙的夹峙中以天井为中

[1]
朱怿，关瑞明.泉州"手巾寮"民居空间设计解读[J].华中建筑，2007（11）：118.

心，沿水平方向自前而后不断地重复拓展延伸；以天井为临界，两向房屋界分前后，有前公共后居寝的分离意味，形成"实—虚—实"的空间形态和序列，与厅井院落住宅中诸如虚实关系等相似而具有某些同质同构的联系。由于天井为厅房提供了必要的阳光，尤其是小巧深邃的天井既可形成大片的阴影区域，又起到拔风的作用，前后连贯的廊道沟通了室内外的气流循环，兼其朝向的适应性，单元内空间伸缩的自由性以及房屋之间拼接组合的群体性等优长，使之成为湿热气候人口密集区域颇受青睐的住居形式。这种低密度的集聚形式还有若干变体，常见的就是变单开间为双开间，向纵深拓展，布置方式与单开间纵深住宅基本相似。

（五）潮汕和台湾民居

话说闽南和闽海厅井型民居不能不述及潮汕和台湾，前者行政区划虽隶属广东，然人群、习俗和文化近泉漳而远粤中广府；后者因大多自闽南过台，血缘浓厚，故两地建筑同闽南具有棠棣基因。

潮汕民居除单开间竹筒屋（竹竿厝）外，还有双开间型（单佩剑）、三合型（爬狮）、中庭型（四点金）、三座落和五间过等形式。源于竹竿厝的双开间变单为双；三合型也即闽南乡村中的三合天井型，其平面与粤中的三间两廊相仿佛；中庭型亦即泉漳四合中庭型，系在爬狮（三合型）加前座而成；三座落又称三厅串，即纵向串联门厅、中厅和后厅；五间过由四点金横向扩展五间而成，居中大天井，四周屋宇环绕。前后房屋除大门、厅堂外，余皆卧室。天井两侧布置小厨房和储存室。也在中庭型基型上侧加护厝，后加后包（后屋）；或由若干中庭型组合而成。在三座落平面基型上增添护厝和后包，衍化为三座落二护厝、三座落四护厝和四马拖车（三座落两侧各带护厝和后包者）；以五间过为基本单元增殖扩展。

受泉、漳和潮汕移民影响，台湾与闽粤之间在语言、宗教、文化、服饰、习俗、饮食、居住、艺术和技术等方面具有普遍的共通处。除高山族等小部分外，多为闽南风格的建筑形式。台湾客家移民群体主要聚居于桃园、新竹、苗栗和高雄、屏东近山地区。因疏于对外交流，由此形成了较为系统乃至地域化特色明显的台湾客家建筑。桃园、新竹的民居在平面布置上多取"五间见光"型——三合院正堂厅左右第五间房（梢间）与横屋（护厝或厢房）相衔接处，并非似闽西、闽西南或梅州等地半圆弧状，而以90°直角相联，并往外凸三至五尺宽，以神龛辟窗牖引光入内。南部高雄、屏东等地以"五间廊厅"制为主——两翼横屋与正堂相交或90°处辟走廊，也就是闽南人称为"过水廊"的廊厅，旨在避雨[1]。此外，闽西南客家人与

[1] 李乾朗.台湾客家民居特质浅析 // 台湾传统建筑匠艺（第4辑）[M].台北：燕楼古建筑出版社，2001：55—57.

漳州有地缘之实，故台南客家用材、细部造型等渗透着漳州派的特质。台湾汉族民居类型简略者如一条龙式（三开间、一明二暗）、单伸手式（曲尺型、L型、单侧护龙）、街屋式（手巾寮）、三合院式和四合院式，繁复者如多护龙式（两侧增建数列护龙，外护龙长于内护龙）和多院落式（至少三进）等。

二、闽江下游厅井型住宅

闽东穆阳溪流域与宁德市城的福鼎、福安等地，毗邻浙江，住宅与浙南泰顺、平阳、苍南等地较为近似：古制门台、前院居中为门屋、穿斗式构架、悬山式屋顶、高脊、深进、层高、正屋横阔和两山起翘，以及山面多横向设披檐二至三层；屋面主从交错，层次穿插；远年旧宅檐柱多梭柱、月梁和斗拱，古意盎然；木作不髹油彩，外墙或木构外露，以竹篾夹泥白墙，或以板壁木柱间以素壁；围院、墙基等处普遍用河卵石砌筑，唯福安住宅外墙间或土筑。与温州民居不同的是，此地生土墙房屋较多，习用高大厚重的封火墙，且形式多样。福鼎、福安民居主堂颇大，面阔三五间不等，明间敞口式，设前后厅，左右侧有门洞出入。前厅条案上布置祖宗遗像、牌位或佛像，后厅为上下二层。主堂前后均为两厢房，形成前后院落。前院居中设门廊，中轴线明确。

如果说闽东北福鼎、福安等地与浙南泰顺、景宁等地因地缘和移民迁徙频繁而使两地民居趋于近似的话[1]，那么，闽江下游地区以福州为中心的闽东区域包括闽清、闽侯、长乐、福清等县市的传统民居，则拉开了与浙南和闽东北的距离。其形制和类型则以闽江下游流域的福州、闽侯、长乐、福清、永泰、连江、平潭、罗源、闽清和古田等十个县市的民居建筑作为一个整体，具有相似或近似的建筑形制和特征，并区别于闽北、闽中、莆仙和闽南的建筑[2]。

福州传统住宅大多由若干三合院或四合院沿中轴线纵向含跨院组合而成。特点是面宽小、进深大、外封闭、内通透，层层递进，轴线分明。宫巷沈宅为大型纵向多进厅井型府邸的典型，共计1 500余平方米。始建于明万历年间的宫巷11号，清同治五年（1866）为林则徐二女婿、船政大臣沈葆桢所居。宅院坐北朝南，由主座和西侧两座花厅（跨院）组成。主座含门房、前后两院落，四周高垣耸立；两侧门房进深浅近，居中门厅呈内凹式，屏门阻挡。绕过屏门甫入前院（院门）。前院为规局完整齐全的四合院，首进大厝同执事廊一道四面围合成中心天井，中为三开间俗称为"扛梁厅"的大厅，厅内东西两旁

[1] 陈支平. 福建六大民系 [M]. 福州：福建人民出版社，2000：72—134.

[2] 戴志坚. 福建传统民居的分类探析 // 中国历史文化城镇保护与民居研究 [M]. 北京：研究出版社，2002：231—234.

闽清县坂东镇宏琳厝立面

为轿厅区域。两翼布置为东西厢房；后院共三进，第二、第三进大厝单层，面阔五间，居中厅堂，卧房布置在二、三进的次间和梢间。二进厅堂为家庭聚会之所，三进厅堂专事祭祀。第四进俗称"观音楼"，供奉观音。面阔五间的四进共两层，底层居所，二楼藏书。南向设外廊，楼梯在廊东。从三进后院三组天井的处理手法上看，二进大厝前的空间由中轴线上的覆龟亭同两低垣分隔成了四个小微型天井，闭合而私密，既有效联系了前后厅堂的空间，又将矩形的天井予以巧妙地分隔；厅堂、次间前的天井两端均布置敞廊，以覆龟亭居中，亭旁置美人靠（鳌峰椅），营造了一处空间通透又富有盎然生机的场所。主座西侧的两跨院一宽一窄，同主座进深。靠主座的大跨院设六门和其相同，一条南北甬道串连起了花厅、书斋、卧室和厨房，同时，它也是沈宅中重要的干道。花厅同主座的首进大厝相邻，承负款客等功能，为宅中规模最宏敞的庭院，西墙侧设门扉连通小跨院。厅后书斋两间、一间卧室夹四个小微天井，环境幽雅而宜人。面阔狭窄的小跨院南为护兵房，有门通外，自南而北同样地数重院落顺纵向排列，同样卧室夹天井的平面构图。唯一特异处在于中部两层的饮醉楼，楼前天井一侧为廊、一侧为楼梯，二楼面南处为敞廊，登斯楼把酒可临风，可远眺。

  以覆龟亭连接前后房屋空间的处理手法，既近似北京多进四合院中的垂花门或江南民居中的砖楼，但无其华丽或壮穆。它以亭的形式连贯前后，俨然而为其地域特色。其亭顶为两坡，前后檐均高于屋面；与常见的前后厝檐下的连廊式相比较，则采光通风更佳。此外，沈居第三进厝前并无低垣——两侧披榭作敞廊状，中央的覆龟亭分成两个小天井。再以建于清初的衣锦坊54号为例。清光绪十六年（1890）由屈臣氏药铺主欧阳宾重修的宅院由正院和西院组成，面积约1 200平方米，风水墙环绕。正院大门设门头楼，内有布局相同的两进木构房屋，宽12米，纵深都为13米，居中厅堂，两侧厢房。两进房均设天井，天井两旁有走廊。厢房门扇上花格精雕细镂。西院宽12米，纵深32米，分前后花厅，中有覆龟亭。花厅装饰踵事增华，十分考究。还有建于清初的文儒坊61、62号陈承裘故居，通阔26米、深42.5米，总面积1 092平方米。正屋两进，一进三间，宽13米、深6米。二进深20米，设前厅、后厅、前房、后房、披屋、厨房及天井。故居大门两重，门内布置天井。院东向的隔墙外有一小庭园，内有古树名花和石山，以及小巧精致的天香楼。

　　福州、闽侯西缘的闽清住宅大门入口大多是虎头门，两侧封火墙大曲率状波浪式，气势开张，升腾灵动，极具视觉美感，平面构图倾向于简洁。位处坂东镇下尾村的瑞园整体格局遵从明代古制，左右对称，前后院落。建于清乾隆四十七年（1782）的镇内新壶村宏琳厝主体为土木结构，高二层半，占地面积17 832.28平方米。由虎头门直入三进，两进之间以横街相隔，过雨亭相连；火墙外左右两旁隔沟建横厝，与正厝恰成90°，横厝两翼正反方各开厅一间，两厅间平行设横厝八间，横厝外复建外横礅。建筑物对称布置在中轴线两侧。全厝布局紧凑，规模宏伟，共设大小厅堂35间、房屋666间、花圃25个、天井30个、水井4口、风火墙36堵、大门13个。

仔细计较，该地区的纵向多进式院落住宅在平面布置中的交通动线上似有不便之嫌：若从正门入口至后院楼舍，须穿越所有纵向厅堂——这在徽州明清住宅中也大抵如此。不过，福州、闽清等地部分大中型住宅多在院墙内侧与木构排架之间，隔留出宽1米余的前后通道——火墙弄，如此则可有裨交通分流——既加强了前后之间的联系，又保证了主体房屋暨中轴线的连贯性和完整性，这种处理手法与苏州、扬州、金华等地民居的交通布置大致相仿。

闽江流域民居的天井被开敞的室内空间所环绕围合——厅堂与天井之间并无阻挡隔断设施，彼此通敞、通透和互融，天井周围又是敞廊式深远出檐，故空间给人的体验和视觉感受往往是一个统一的整体；为突出主轴，彰显主厅，主厅（前厅）的空间十分高大——主厅深挑檐口覆盖及毗邻辅室竟达2～4米高尺度的落差对比。厅堂一般不设前后檐墙，厅井间设柱廊，也有在前面出抱厦，与天井共同构筑内外交融的有机整体。与徽州传统民居不同的是：徽州厅堂为楼居，层高有限；闽江流域民居等为一层挑高，高矗宏大；徽州厅堂多进（纵向式），常以后进为高（剖面高度）为上（后进厅堂往往为祖牌之所，两次间为长辈所居）。闽江流域民居则以前厅为要，后院多为勤杂、厨庖和居寝之所。

一些大中型规模的府第、庄园和住宅，外部形体较壮硕，内向性强，如四周高大的墙体围合而成的闽清县坂东镇溪峰村岐庐，墙内防卫廊环行相通，宛如一座森严的寨堡。此系建成于咸丰八年（1858）的进士张鸿岐府邸，主体建筑布局严整，中轴线上依次布置府门、门厅、主庭院、大厅和后庭院、后厅堂。正房九开间，明间厅堂空间高敞。主厅堂与前廊相连；主厅堂后为后庭院、两层后楼；大厅前左右的厢房为书院，后楼底层左右为 8 间厨房，空间层次丰富而明确。其主体建筑的两侧围有两个 15 米宽、与整座建筑同进深的大院，两院既作为花园又有裨于防卫。府邸占地面积 10 亩（6 660 平方米），建筑占地 448.6 平方米，宽 75.4 米，深 59 米。正厅宽 7.2 米，一、二、三房宽均 3.9 米，两侧书院各三间。四周高垣围合，外观方整简洁，质朴庄重。两山皆为典型的曲线形封火山墙，优美精巧的山墙体态和朴实粗犷卵石墙基、素白外墙、灰色屋瓦之间的强烈对比，以及厝内的雕梁画栋、华丽藻饰同简素外观及结构坚固的差异，洋溢着浓郁的地方特色和防御色彩。

三、闽北和闽江上游住宅

研究者认为，福建大体上有两类民居格局："大致以福州与永定的连线为界，这条线以东是'红砖区'，约占全面省面积的五分之一；这条线以西是'灰砖区'，约占全省面积的五分之四。"[1] 划分虽有粗略之嫌，却也大致明确了闽北、闽中及闽西南属"灰砖区"、闽东南及闽南为"红砖区"的两大范畴。作为一种参照——丰富多样的八闽民居仅凭建材区分范域自然是远远不够的，——比如江河水系流域就往往成为不同建筑风格的边界，在建筑分类学和区域民居分区中成为划分不同民居建筑形制和类型的依据和参照。《闽台民居建筑的渊源与形态》一书提出了从语言、民系到民居类型的一种递进式界定模式。认为以语言作为区分民居类型的依据，适合于闽台地区。闽海系民居类型因之可划为闽南民居、闽东民居、莆仙民居、闽北民居、闽中民居和台湾民居共六类[2]。在既有的民居类型界定中，又可以将之划为以下三类：厅井—横，福建；厅井—纵深，闽南；厅井—内庭，闽西、闽南[3]。

由于位处闽江上游的闽北为开发最早的地区，囿于当时的生产生活状况和交通条件，山地为主的闽北未能成为移民的最终目的地，迁徙者或东沿闽江下游抵福州、长乐，或南下永安等闽中地区，闽北人口长期处于流动、交互的状态。在民居建筑上，闽北东片各类形式并置不悖：既有合院式、厅井式，也有干栏式，丰富而多元；闽北西片以厅井式合院建筑为主，分布于城镇和村落的核心区段，山林地区则以两层"高脚厝"干栏木构房较为普遍。因此，从建筑形制和风格上，又有经浙赣而来、蕴含中原古制建筑遗韵风貌的庭院厅井式住宅和较少受外部影响的、具有闽地本土原生特点的干栏住居两大类。

[1]
楼建龙.福建传统民居区系类型概述[J].福建文博，2009（2）：14.

[2]
戴志坚.闽台民居建筑的渊源与形态[M].福州：福建人民出版社，2003：18—19.

[3]
刘森林.中华民居——传统住宅建筑分析[M].上海：同济大学出版社，2009：85.

兴许是因为武夷山脉良好的植被和欠发达的交通条件，民居至今沿用木作穿斗木结构、吊脚楼和大出檐瓦屋面，用杉木制成的两层木楼居数量众多，分布在山区的村落集镇中，且木材表面不髹油漆，显得朴实而简素。穿斗和抬梁式构架皆具，穿斗式居多，构架尺度较北地四合院略大，质量较高的住宅受中原北方建筑文化的影响较为明显。在平面分区中，注重轴线整齐、左右对称、主次分明的构图和空间组合等特点，得到充分体现。武夷山市下梅村邹氏建筑群由多座院落集合而成，中心厅井式布局，马头墙高耸，一派徽意；兴田镇城村村口赵氏家祠厅井两侧庑廊及敞厅，完整地再现了中原古制的空间意向。其他如邵武市和平镇李氏宅邸、廖氏大夫第、黄氏大夫第等，轴线清晰、硬山马头墙流畅，门头、檐墙上的砖雕精湛绝美。其中，泰宁尚书第堪称典型。

位于泰宁县城关胜利二街福堂巷的尚书第，是明天启年间兵部尚书李春烨的府第。建筑坐西朝东，平面呈长方形，南北面阔87米，东西进深52米，占地面积4 500余平方米。主体建筑保存完整，具有明代建筑风格和地方特色。该宅有五条并列的轴线，形成风格一致又相对独立的五幢民居，供李氏五兄弟居住，故又称为五福堂。各幢之间以薄砖建造高大平整的防火墙相隔，设廊门相通；大门前是一条长长的甬道，两端设南北两个出入口。五组建筑均为三进，结构大体相似。厅堂内铺墁青砖，室内铺设地板，下设旱井，有方形、圆形、菱形、半圆形等，旱井下有阴沟直通地下排水沟；庭院天井中铺砌的大型石板达4.3米×1.2米，其他如台阶、石缸、花坛等均为石构。大夫第建

建瓯县徐墩乡民居墙帽

筑群富丽堂皇，气势非凡。门楼做工精致，条石构筑、匾额、梁木等皆精工练形，举凡人物、飞鸟、卷草、团花、仿锦等图案纹样，细密妥帖。门斗为连续重叠的斗拱，外凸门簪；大门两侧竖立一对高2米、宽0.92米的抱鼓石，鼓座上浮雕双狮戏球、云龙、花卉等图像，门墩墙基上饰荷墀托，莲裙座、竹节衬柱等圆形雕刻，与门墙、墙身的斜砌45°青砖、地砖石板等构成华素适宜、别具一格的门脸形象。1988年，大夫第被列为全国重点文物保护单位。

四、闽中住宅和土堡

将迁移地的建筑基型、模式、技术和经验带入迁入地，结合新的条件在传承的基础上融合创造，是包括开发晚近的闽中地区在内民居建筑的普遍现象。闽中民居类型多样，主要有一明两暗、三合庭井、连排屋和各式土堡。南缘的永安市小陶镇美坂村罗氏家族由赣入闽，从遗存较好的崇德堂、积庄堂、三德堂、惇德堂和裕昌堂等明清院落看，其平面以三合庭井型和四合内庭型为核心，方形，纵向扩展为两进或三进，沿纵轴线依序层层递进，依次为：池塘、前坪、建功柱和旗杆、牌楼、大坪、门厅房、天井、正厅、后天井、后厅和半圆形围墙。横向在三、四合院的两侧，对称布置一排或内外两排厢房。通常外厢比内厢长，向前延伸至池塘，往后则沿半圆弧形与后厅连接；内厢房向前伸至围墙，低矮的围墙中矗立牌楼。如此，内、外厢之间便形成两或四条狭长的内庭院，而半圆弧形则构成两个扇状庭院。民居庭院四周有高山地坪的台阶，屋檐用挑枋出檐，形成回廊，厢房各屋门面向院落。为强化横向联系，在狭长纵向的内庭中每隔一定距离，布置连廊，以连侧房与内外厢，狭长的庭院分隔成四五个小庭院，尺度小巧宜人，房屋构图完整，格局、形体近似于围龙屋。兼之连廊造型的高度艺术性，如三德堂连廊，或悬山加披檐，或两坡悬山均轻巧大气，通透舒展；隔断处或构圆沟，或作木构棂格，无不雅致宜人，具有极强的层次感。在房屋剖面上，通常顺延地势自后至前呈分段跌落式状。屋顶以正厅中间部分最高，近侧房时，屋面高度降低，与侧屋、内厢屋面持平；外厢的二层屋面与连廊、楼梯上的小屋顶组合其间，高低错落，浑然有序；在排水处理方面，建筑四周筑主沟，以上雨水进入。在纵向设置连接主沟的分水沟，径直延展至前面的池塘。

如果说永安美坂村的建筑涵泳了赣粤闽客家建筑基因或形制的话，那么，永安县槐南乡洋头村的大型夯土城堡安贞堡和小陶镇的圆形土楼——允升楼则折射出围龙屋与厅井型住居融合的印痕，南界客系家族性土楼的在地化，分布于闽中各地形式多元的土堡之于闽中仅为一个约数，其他地区也不乏实例，如现属闽南区域的德化县三班乡的硕杰大兴堡等。从平面上看，土堡大致由方形、圆形、方圆共生形和非规则形等四种形态组成。

顾名思义，方形土堡整体平面方形，形体高大而闭合。永安市燕西街道文龙村复兴堡组合和布置了书院、泮池、护堡池、护堡沟、余家公馆、堡门、门亭、长条式天井、南北排厝、跑马廊、魁星楼、后庭等单元及设施。东西两堡门同处一条中轴线上，外围是高大封闭呈"口"字形，堡内建筑由中轴线上长方形东西向纵深展开，南北两侧各建一进九开间房屋。平面布局取纵排厝横进式，厝前通廊式檐廊连接诸门，排厝内设若干小天井。

圆形也包括近似于正圆、椭圆和不规则圆形等多种土堡。大田县广平镇栋仁村潭城堡位于河边阶地上，沿河床弯弧成形。现存圆形堡墙、门洞、碉楼、跑马廊等。土堡高12余米，堡外周长300余米，墙厚约5米，占地面积约2 200平方米。与土堡门洞相连的干栏式屋架构筑的两层门亭，与土堡二层跑马廊浑然一体。

前方后圆形存世较多且具以下特点：一是面积大。建筑布局密集对称，一般都有三进或以上。二是堡门不一。通常一门土堡门洞居中，两门土堡门洞分设于两侧，三门则呈品字形开在中央和两侧。三是形样式多样。依山而建的台溪乡书京村光裕堡平面为前方后圆，坐西向东，建筑面积2 200平方米；依山势分四级台基构建，前后落差十余米。主体建筑与护厝天井依势构建，两侧设数十级阶梯至跑马廊及后楼。

非规则类型如位于大田县建设镇建国村西岗琵琶堡平面宛如琵琶，依中轴对称布局，由前及后递进：一进为正楼、空坪及天井等；二进为后楼；三进为厢房及佛堂。跑马廊环绕土堡一周；两层台基砌筑于高岗顶部，外围同堡墙石基融为一体，包括由前及后的跑马廊、天井及半月形空坪、主楼（祖堂）、入堡石阶、堡门、后楼（观音楼）、厢房（已塌）、佛堂（三圣庙）、跑马廊等。

闽中土堡形制大致分为三种：

一是合院式。该形式在堡内以合院式为主，外围辅以高垣。如闽清县坂东镇溪峰村的岐庐，主体建筑布局严整，中轴线上布置回照厅、大厅和后楼，大厅前左右的厢房为书院，后楼底层左右为厨房。两山皆为曲线形封火山墙。周围厚墙用河卵石砌筑，基上夯筑土墙。其上架屋，环周以作为防卫。

二是围龙屋式。如坐西南面东北的台溪乡瑞庆堡，平面呈前方后圆。由堡屋前通道、台阶、门坪、护堡壕、堡墙、堡门、下堂、天井、厢房、主堂、护厝、跑马廊、碉式角楼等组成。门坪两侧深挖沟濠，进堡门是下堂，明间中后部设隔屏，稍间处设内通道至护厝。天井二层，两侧的厢房分二级构建。次间可至护厝。厝与厝之间有过水亭相连。后花台三层，跑马廊为阶梯状，廊上屋架高，靠外侧为台阶，内缘坡道，兼有土堡、围龙屋的特征。

三是围屋型。以2013年列入第七批全国重点文物保护单位名录的芳联堡为例。该堡位于大田县许思坑村山坡边，东西面阔67米，南北进深50米，占地面积约3 350平方米，建筑面积约5 500平方米，平面形状呈"其"状，形体前方后圆状。堡倚大山余脉，阶前梯状田亩，三面环山，一边临野，清溪回绕，绿树掩映，是一座兼有府第式建筑风格的堡垒。建筑布局均以中轴线为准，对称分布。从南到北依次分布泮池、护堡池、外坪、护坡、堡墙、前天井、前堂、中天井、厢房、正厅、后花台、环墙梁屋、角楼等。门开于堡的东南角楼下，东南与西南隅各设三层碉楼——结构错位丛叠。堡内一、二层的廊道贯通各防御点和活动空间。中轴线上的正厅面阔 5 间，厢房及两侧护厝为居舍，天井两边和护厝的厅与阁楼等处设书轩。堡墙廊屋两层，下为仓储室和杂物间。上层为居室，数间居室中设厅，厅与廊道相连，是一处集防御、居住为一体的前方后圆殿堂式土堡，平面对称，中轴线上排列二进院落，两侧为横屋，前有半月式的池塘，后为弧形的堡墙。堡内建筑为两堂一横殿堂式建筑，一进面阔五间，中间为下堂；二进高于一进三个台阶，中间为天井，两侧为厢房；二进中堂两侧为明间，有马巷通往横屋；横屋门俱朝中堂方向。四为其他类，坐落在闽中永安县槐南乡洋头村的安贞堡，大概是闽中建筑中最富盛誉者。

安贞堡形制和平面构图为五凤楼式围龙屋型，以围廊土楼与厅堂为中心相结合而成。堡宅坐西朝东，平面略呈长方形，前方后圆，中轴对称布置。以合院式宅第为核心，四周环拥围屋，经水廊连接而成；院落分三进：第一进为前厅，上下两层，以谷仓贮藏为主，有回廊贯通。第二进正厅，分别由天井、上堂、上堂间、左右厢房，下堂及下堂间四部分组成，面积占全堡三分之一以上，位处中央，宽敞方正，左右对称。第三进为后厅，接待亲友女眷之用。每进院落间有天井，疏密有致。由于中轴线上建筑前后纵向高差达 4 米，空间上引人入胜。中部及两侧有三条通道，由石阶层层向内延伸；兼廊檐重重、高低错落。复如外圈跑马楼护檐，随地形高低而富于变化。纵向布局的两翼护楼亦依序提升——石阶、屋顶、廊檐等，构成节奏感明显和赋有韵律意味的建筑造型。安贞堡随地势赋形，前低后高，单檐悬山屋顶层层跌落（提高），气势雄伟，轮廓婀娜多姿，精美绝伦。安贞堡占地 15 亩，建筑面积 6 000 平方米，大小房间 320 余间。

厨房12间，水井5口，楼梯5部，内部结构完整，设施齐全。外墙围护部分包括围护墙、围屋和碉楼。其中，围护墙前楼两翼各有一以45°向外凸出的方形碉楼，对堡门呈合抱之势，二楼围屋与围护墙的跑马道相通并环绕，外墙设瞭望窗和射击孔，以裨防卫。

从地势上而言，也显示出不同地势中的形态和处理方式。如建于田亩中的土堡，四围较少山冈和台地，视野开阔，环境疏朗。为了解决排水的问题和适当提高主要建筑的位置，也酌情填土抬高地基。堡内建筑布局讲究中轴对称和左右对称，人居功能、生产生活设施较为齐全，多在堡内铺砌晒谷坪。不足不利因素在于防御，故往往利用田亩和水塘作障碍，也掘塘作壕。如筑于溪岸一级阶地上的永安市西洋镇福庄村会清堡。

坡地上的土堡坡度大、台基多、堡墙阶级合围、前后落差悬殊。多选址于近村庄山坡脚处，背倚山峦或浅山坳，控制进出路径，道边堡前利用山溪作天然防护壕。堡内堂屋建筑、跑马廊落差明显，层次井然。背靠山脊的断崖处或山坳，面对田亩，左右有山垄的梯田作"沟壕"，可有效阻挡敌犯。利用山势构筑若干建筑台基，前后落差大，如安良堡、茂荆堡等。始建于清光绪八年（1882）茂荆堡位于尤溪县台溪乡盖竹村乌岩垄内山坡上，坐东北向西南，平面前方后圆，二至三层，建筑面积3 000余平方米。包括小径、高台阶、高门坪、堡墙、堡门、门厅、前楼、中天井、厢房、绣楼、主堂、后花台、后楼、扶楼、护厝、跑马廊、角楼、碾坊、粮仓、珍宝库等，利用高坡僻处三个台基前用水田低洼处用块石垒砌石阶，堡门两侧设木门可至各辅助用房，侧墙处设石阶直通跑马廊。

尤溪县台溪乡盖竹村茂荆堡

山冈上的土堡多利用岗侧陡峭地势,通常仅设山冈阜侧一条窄小通道出入,其他三面山坡均为70°～80°的陡坡。台基多取填土夯筑法,以抬高主体建筑的高程,增加前后落差。土堡的一周或一圈跑马廊通常同处于一个水平。高岗类土堡较为醒目,建堡者择址的初衷在于易于防卫;三面陡峭沟壑、一侧为小道的地形与之符合若契。堡门一般面水,堡内的排水由暗沟流向三周的山沟里。充分利用自然环境中悬崖峭壁作天然屏障,依形而设,还遗有早期山寨的原始性,遵循据险而筑的理念,依山形、地势夯筑为非规则形。呈不规则的长方形的将乐县墈厚堡,占地面积约1 500平方米,南北长约52米,东西宽约17米。外围堡墙高大厚实,内部由东南角碉式角楼、前部庭院及后部祖师殿组成,墙基用毛石砌筑,底部为石砌墙,墙内侧为环行堡内一周的跑马廊,廊边用石砌筑。

综上所述,土堡基本特点如下:一是防御性强。如普遍设置碉楼,潭城堡现存的角楼在堡门东南侧,楼高三层,第三层高出堡墙,放眼四周,堡内外情况一目了然。角楼二层有密集的窗孔,孔径大,可用炮攻击。堡门中拱门厚重牢固,多用花岗岩石或青石作条石和楔形石垒砌。二是平面布置基本对称。如前述平面形状呈"其"状的芳联堡,建筑布局均以中轴线为基准,对称分布。再如平面略呈长方形的永安县安贞堡,前方后圆,中轴对称布置。以合院式宅第为核心,三进院落中,第一进为前厅,第二进正厅,分别由天井、上堂、上堂间、左右厢房、下堂及下堂间四部分组成,左右对称。第三进为后厅,每进院落间有天井,均随地形高低而设。纵向的两翼护楼亦依序提升,构成富有韵律意味的造型。三是大量运用当地材质。土堡墙体多用大块山石垒砌出地表，再用泥土添加山石夯筑，墙内每隔一段用当地小石竹做筋，以固堡墙。

五、闽西南五凤楼

五凤楼散落分布在客家民系集中的闽西南永定县、上杭县、连城县、长汀县和武平县，在客家和闽南民系混居的漳州市南靖、平和及诏安等县也有若干遗存。

五凤，语出《小学绀珠》："五凤：赤者凤，黄者鹓雏，青者鸾，紫者鸑鷟，白者鹄。"蕴含有五行配五色的含义。即东西南北中的五方，配五色五凤（鸟），并以此命名住宅。五凤楼素为高贵庄重的礼制建筑。从闽西南五凤楼的实例及形制看，平面布置上严格恪守中轴主线、左右均衡的原则；空间形态上张弛有序，层次穿插，体量端庄稳重，巍峨而壮观；造型上屋坡舒缓，以歇山式为主，屋檐飞翘，气势开张而优美；在房屋的组接上，单体简率、整体富有变化。通常沿中轴线前后依序布置下堂、中堂和主楼（合称三堂）。前面的下堂和中堂均为单层——下堂为门厅，中堂为大厅，在体量上高大于下堂，是家人聚会之所；主楼三、四、五层不等。具体分配是：底层祖堂，左右及以上各层安排家庭支系；三堂之间分隔天井。前天井左右设厢厅、有通廊连接横屋。五凤楼中的横屋，系与中轴平行的条形长屋，排列在住宅中轴主体的左右。中间横亘有称为"横坪"的长院。从居住功能层面而言,横屋也是居室。在层高上,自前及后,层数递增。迄至后端,略低于主楼。统而观之,主楼制高,两侧鸟翼作左右拱护状,舒展若凤凰展翅。

显而易见,五凤楼"三堂二横""三堂四横"的平面构图和空间格局,延续了中原北方合院式建筑的形制基型和风格:三、四合院两侧厢房衍变成了厢厅和横屋,以敷人口众多之需;三至五层高的主楼以及渐高的横屋,一是房屋地基地形等高线所致——通常择址于前低后高的丘陵山脚地带,前有方坪、半圆池塘,后为半圆凉阴。如此负阴抱阳、前卑后尊(前低后高)。二是五凤楼中均为家族中人,人口众多,需要相应的空间。反映在建筑平面构图和空间组合上,结合礼制,须安排重要单元以统率高标于其他,以界分主次、对称和尊卑。

永定县高陂镇富岭村大塘角裕隆楼(文翼堂),是现存五凤楼建筑的代表。

文翼堂由王氏家族于清道光八年(1828)兴建,占地面积约3 000平方米,面阔52米,进深53米,坐南朝北,布置对称,共有房间118个,厅堂25个。全宅由左、中、右三部分组成,形成当地俗称的"三堂两横"式。下堂三开间,居中明间稍大以作门厅,稍小的次间为客厅和贮藏之用;进入下堂迎首屏门。下堂与中堂之间为长方形的天井,两侧以敞廊围合。中堂也是三开间:明间作中堂、正厅,空间高矗,前对天井,后设屏风。室内屏前置供桌——系祭祀和典仪之所在。次间为客厅、书斋或账房。后楼、包括屋顶夹层共计五层,高11.4米,出檐2.8米，为家长所居。文翼堂各层平面格局相似，每层皆为八间居室，三面围绕大厅对称布置，厅后设置上下楼梯。中堂与后楼之间为后天井，两侧为四间小厨房。居室内地坪楼板厚达3厘米，板上覆地砖，兼具防火、隔音的双重功效。三堂两侧两排对的横屋，门朝中轴线，长度与中轴线上的三堂进深相近，称为"两横"。分别由三个平面形式相同的基本单元沿纵长方向拼接而成：每个单元中间为厅，两侧共四间卧室，楼梯同在厅后。横屋呈阶梯状对称分居两翼——从前面的一层、中间的二层，到后面的三层，渐次提升，富有节奏。大门外晒坪为17米×49.8米，坪前半圆形池塘直径30米。

　　文翼堂所在的高陂镇北向30余千米的连城县培田村，亦有一座清道光九年（1829）的大夫第，展现出五凤楼不同的风格。培田吴氏大夫第继述堂占地面积约6 900余平方米。建筑形制仿官厅式，正屋五进，两旁各有两列横屋，有9个厅堂、18个天井、108间居室。与文翼堂逐层抬高、楼高四层（五层）不同的是，大夫第并不着力于高度上的构筑，而是着眼于在平面上层层铺展、递进式的渲染和展示，以及厅堂与庭院的有机融合与巧妙结合。或许是宽绰的用地条件与祥和的环境使然，该堂的平面布置和空间组合较为明显地传承了中原建筑的神韵，以丰富的北地汉唐建筑文化内涵及其形式，融和了当地的部分因素，映现出多进四合式院落建筑的变通和衍化。之一便是催生出各式矩形方楼、曲线圆楼和围龙屋等住居新形式。建于1882年的永定县湖坑乡洪坑村福裕楼，可视为五凤楼发展至方楼的过渡样式。

福裕楼的下堂一改五凤楼一层平房的设置而成两层楼居，且向两侧延伸，与三层高的横屋相连，五凤楼原一、二层的横屋亦不复存在，中堂两层，后堂主楼也向两侧扩展至两横——形成一个高楼围合的建筑形态；中堂与两侧的过水屋、前后厢房等组成"卄"形，将内院分隔成大小六个天井，使空间层次趋于丰富。楼外两侧分设厕所，以确保楼内的清洁卫生。主体土楼前为横宽式的小院，院门设于东侧一隅且旋转呈不规则东南向斜对水口而立。相对于五凤楼，该楼少了高低错落的空间层次及其穿插、优雅的形态递进和灵动开张的气韵，却增添了堡楼庄重的体量感，趋于严实闭合的空间形成，以及轩昂不凡的气势。如果说过渡期的福裕楼还保留了若干五凤楼如层层递进（跌落）的屋面、前低后高的高度关系等特点，那么，到矩形方楼大规模兴建时，则愈来愈趋于方正和简略了。

六、闽西南和闽南方圆土楼

中国古代土堡型楼居历史悠久，徐州、广州和四川等地汉墓出土的楼阁式陶屋、"坞堡"明器和庭院住宅画像砖等说明，各种民居类型在汉代已基本出现，汉魏时地主官宦集团建造的庄园坞壁十分流行。明清时土楼建筑数量激增，分布广泛。长江以南各地东至浙闽沿海，西至川、渝、黔诸省区，星罗棋布[1]。这些建筑产生的成因不尽相同，但在防御性这一要义上却大致无二。基于历史上移民漫长的进程，渐递的空间、范围、路径和民系内部结构的差异，以及地理位置、生态资源、安全因素等外因，呈现出历史层叠的模糊性和区域的独特性，也使家族性住宅在平面、结构、内外空间和材料工艺方面的和而不同。然其建筑形制的基本核心单元仍是三合内庭型和四合内庭型，建筑性质为祠宅合一的居住建筑体系。

散布于粤东、粤北、闽西、闽南和赣南三省交界的客家人和闽南人居住的家庭性、集体性和集聚性的大型内庭式住宅，在单体建筑的平面布置、中轴对称、空间形态等方面颇为完整。若从楼与楼之间、楼与聚居区之间、楼与村落之间看，尤其是以同心圆层层向心的园楼和内廊方正均齐的方楼，庞大的体量与周边道路、溪河、河埠、台阶、田亩、作物和植株等，几成对比；楼际之间庶几并不存在关联性——单体建筑的完整性没有转换成楼际间的整体性。或许，我们可以这样认为，大多数的内庭式方、圆土楼更多呈现的是离散型的点状图式和构图。诉求的可能是每一幢单体建筑以自身为中心，离散且独立。

（一）圆楼

曲线状圆形土楼，俗称圆楼或圆寨，主要

[1]
四川、重庆的土堡系清代"湖广填四川"移民的结果；贵州镇宁的土堡与明代远征军驻屯戍边有关，香港三栋屋亦为客家人移民所致，浙江沿海的土堡（当地人习惯称碉堡）系福建人北上捕鱼定居所致，如温岭市石塘镇流水坑村、前红村、前进村和里箬村均有碉堡，里箬村尚存一条闽风街，部分建筑上尚有泉漳民居中常用的红砖、青石以及构架形式。

集中在闽西的永定、龙岩，闽南的南靖、平和、漳浦、诏安、华安县等地，为客家和闽南两大民系人群所共有。其规模不一。以一环为众，少数为二、三环，甚至环环相套；平面直径大者可达 70 米之巨，如平和县九峰镇黄田村龙见楼的外径达 82 米。楼高二至四层，每层数十开间不等；层高由外环向中心渐次降低，以裨内部具有较好的采光和通风。在使用分配上，通常是底层作厨房、畜圈和杂用，二层储备粮食，以上为居住。正中为平房或二层楼房、祠堂、戏台等，是族人议事、礼仪及举行其他公共活动的场所。

与方楼一样，圆楼平面和交通亦有单元式和通廊式之分。单元式如平和县九峰镇黄田村的龙见楼，环周 50 个开间，每开间为一独立的居住单元，单元之间隔断。每家每户从内院侧翼的门扉入户，进入后依次为院、厅、天井、厅、寝卧，每单元平面呈扇形——入口处窄，约 2 米宽，墙后端宽，约 5 米，进深约 21 米许。每个单元面积、格局相同。该楼建于清康熙年间，单环三层，空间敞闭不一，层次富有变化。南靖县梅林镇坎下村东缘的怀远楼高四层，直径 38 米，占地 1 384.7 平方米，共 34 个开间，4 部楼梯均匀分布。二至四层内侧通廊相连，并在三四层通廊栏杆外侧设腰檐。工艺考究、形态完整的怀远楼中央天井处，为祖堂与私塾合用的"斯是室"，建筑为四架三间上下堂平房，正对入口；在回廊与"斯是室"之间，建有一圈猪栏畜圈，在平面上形成了大小同心圆。

建于清乾隆三十五年（1770）的华安县仙都乡二宜楼是一座单元式布局与通廊式处理相融的范例，由内外两圈包绕中央圆院构成。全楼外径73.4米，内环一层，外环四层，内外环之间连有12座放射状厢屋，分为12个单元。其中3个单元是正门和两扇侧门，1座祖堂。其余9个连同处环四层，构成相对独立的居住单元；自中央圆院进入内环即为各单元门厅。每个单元三至五个开间，自成体系。门厅左右各为厨房和库房。天井左右为餐厅和连廊，廊中有梯。外环四层皆为居室，第四层居中厅堂，设备家神祖牌位。各层向内均有通廊，第四层外墙以内、厅背后设1米宽的室内环形通道贯绕全楼，以便各单元互通。土楼外观封闭森严，一至三层俱不设窗。楼内每个大开间为一单位，每一单位设一独立门扉，从一楼到四楼为一个单位，各有一部楼梯。内环平房与外环主楼环之间有一小天井，单元门在内环朝向核心天井——如此构图和空间配置，辄使每个单元形成一个有房有楼的兼容组合——每层每单元面积约130平方米，以及内环的门厅、两翼敞厅等，总计每单元约20间、550平方米。基于单元内空间疏朗宽绰，二宜楼部分单元自三层起设置大、中厅堂。通常为一敞厅加左右两翼的"四架三间"式，四楼为一敞厅配左右两间。

　　圆形土楼居中均为露天的天井，单环圆者天井为圆形，多环圆者为环状。所有的门窗一律面向天井。房间平面，除却公共厅堂和楼梯间的以外，皆呈扇状，且大小划一——土楼外墙与室内内墙为同心圆切线上的圆弧，外长内短，故分割室内的墙体均为放射状，自然而成曲边梯形室内圆楼一层外墙不设窗牖，对内以木构直棂窗、木板门加半截腰门，楼梯间或二或四，布置在与门堂轴线垂直的横轴两梢。天井内设水井若干眼，以及米碓、谷砻、石磨、糍粑臼、风车等设施。一般牲栏、厕所等建在楼外。

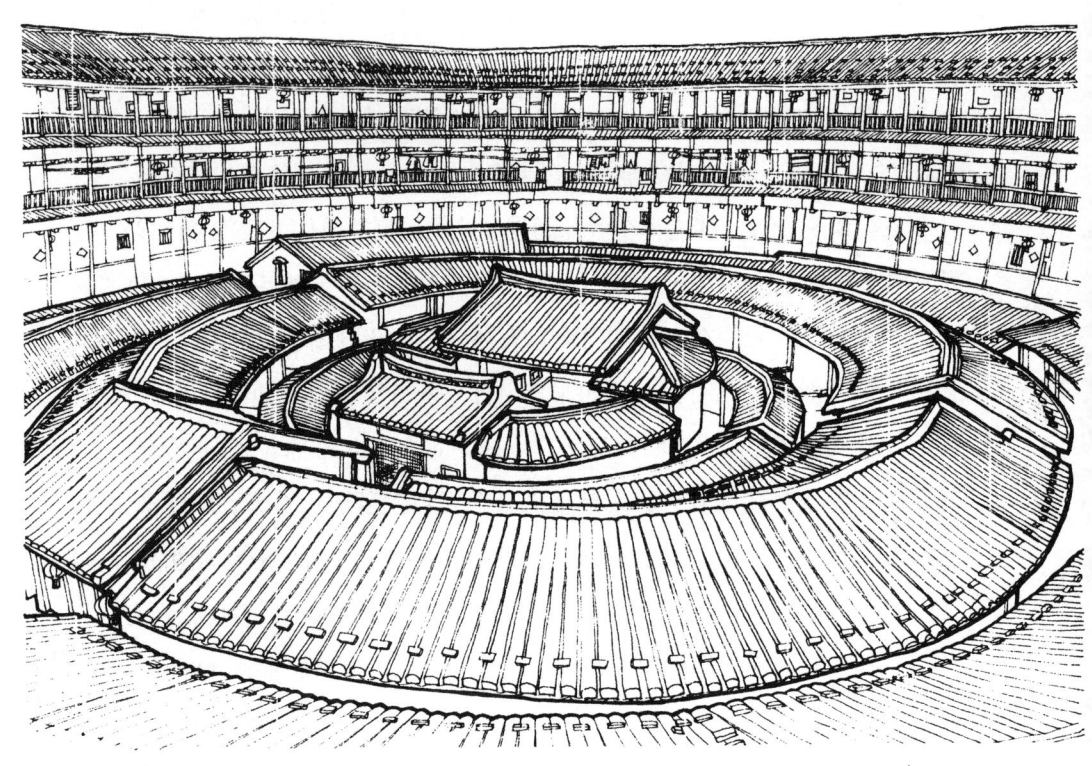

永定县古竹乡承启楼俯瞰

曲线状圆形家庭性土楼中变体形式一是多环圆体，如三环圆体、外环略低的漳浦县锦江楼即为此例，缺口位为入口处，中环略高，入口处局部三层，以作观察、瞭望和防卫。屋面单坡，设女儿墙，沿墙内有环形屋顶通道；内环高三层，显示了三环相套、外低内高、女儿墙环形屋顶通道等独特处理手法；二是华安县沙建乡岱山村的椭圆形土楼——齐云楼。楼平面呈椭圆状，东北—西南走向，宽63米，进深48米，设三道外门，内部布置为单元式，中庭亦是椭圆状。楼高两层，直径50余米，呈横状双环式，计30套单元，27套为居住单元，3套为外门。因楼椭圆状，故单元进深不一，最大的达19米，小者15米，均为三，居中天中；三是八卦形土楼，如永定县湖坑乡洪坑村的振成楼。四是弧形楼。以同心圆展开，平面下大上小、弧形大于180°，也有半圆形者。

建于清康熙四十八年（1709）的永定县古竹乡金山茶场南缘的承启楼，俗称"圆楼王"，系仿照茶场附近的金山古寨而建成的。坐北朝南，为四个同心圆、外高内低的环形建筑。外环楼周长229.34米，共四层，总高12.4米，墙底后1.5米，顶厚0.9米，有四道楼梯对称均匀分布于楼内。第二环为两层楼，每层设40开间。第三环为单层，32开间。三圈中心为圆形厅堂。南大门直至中央厅堂的延伸线，为全楼的纵轴线，横轴线的东西方位各有一扇边门。全楼占地面积达5 376平方米，400个房间。

（二）方楼

矩形方楼的渊薮一是来自五凤楼，二是源自漳州地区用来防卫的土楼。根据实例和文献综合分析，矩形方楼、曲线圆楼及围龙屋似为两者的衍化和变异的产物。若以闽地为中心、兼顾毗邻赣粤考察的话，方楼大致可归纳为五类：一以福裕楼为代表，介于五凤楼和矩形方楼之间；二是永定遗经楼、南靖拱秀楼类；三是赣南的土围；四是粤北的寨围；五是惠州、深圳和香港地区的围屋。从交通联系和空间围隔的角度看，又有内通廊和单元式之别；若从平面布置和建筑形态上区分，则以方形和长方形两种为主。

在平面布置和使用功能上，方形土楼一层为餐厅和厨房，二层仓库，三层及以上为居室。楼内有水井、米碓、谷砻等生产生活设施。一般都有敞回廊，门窗面向中心天井。楼梯以四隅公梯为主，正对大门的敞间设置祖堂。前述福裕楼的平面构图舍弃了前月池、后凉院的模式，前面的下堂变为二层向两侧延伸，与横屋相连；居中堂屋亦为二层楼房，体量减小；主楼向两侧延展至两横——四周即前下堂、左右横屋和后正楼等，均为楼房，全部连通，以增强防御性。

通廊式方楼和单元式方楼在地理分布中的特征是，客家系居住的以通廊式方楼为主，闽南系居住的大多为单元式方楼。内通廊式方楼平面正方形或长方形不一，内院中庭敞阔，祖堂或设在中轴线底端一层；抑或于中庭处布置一组方形四合围院。在平面布置和空间组合上，亦颇多形式及变化：在方楼两侧加护厝，如华安县高车乡洋竹迳村德星楼；在护厝前设院，如龙岩市适中镇善成楼、适中镇中溪村三成楼。内通廊式方楼以和贵楼和遗经楼为代表。南靖县梅林镇璞山村和贵楼初建于清乾隆年间，1926年重建。由主楼和前院组成，高五层，21.5米，方形，面宽36.6米，纵深28.6米，土楼坐西面东，前设大门；大门外由单层的厝围合成十余米深的前院。方楼内院中庭布置门厅回廊，与轴线底端的祖堂构成中心建筑，居中为一小型小井。每层房间沿周边对称布置，围合而成内院。四隅各设一上下楼梯；楼层内侧设回廊，住房以开间为单元垂直分配，每户从一层至五屋各据一开间——底层厨房、二层谷仓，三层及以上为寝卧。楼内木结构，九脊顶，出檐长3.3米。内院设置水井两口，饮用、洗漱分离。

永定县高陂镇上洋村的遗经楼堪为特大型土楼，平面为"楼包厝、厝包楼"——四五层高的环状方楼包绕着内院中庭单层的方厝。前面设置一二层面积略小的围合厝。全楼东西宽136米，南北进深76米，占地面积10 336平方米，房间400余。主体方楼约45米见方，由五层的后楼与四层的前楼、两翼横围合而成。设一扇正门、两扇侧门出入；后楼由三个标准单元组成，单元与单元之间隔断，各设楼梯上下。其他三面约为内通廊式，使用公共楼梯。主体方楼的内院中央，为一组单层的方厝，以祖堂为核心，围绕小天井布置，以作祭祀、典仪、婚丧、喜庆等活动的场所。前置的围合厝为对称布置的两组小型四合院和两组两层的楼房，与外门屋一道，平面构成呈倒"T"状广场；主要用于家庭内学堂、浴室等"公共建筑"。这里厅堂、敞廊、天井、漏窗或花垣组合巧妙，尺度宜人，构成丰富的空间和层次变化，有效地烘托了主体方楼的宏伟气势和壮硕体量。遗经楼中轴对称，前低后高，空间序列由松而紧，对比明显；楼宇外立面封闭森严，性格内向。土墙白灰粉糅，窗洞上大下小，富有节律；四周楼房围绕祖堂，具有鲜明的内聚力和向心力。硕大的歇山式屋顶高低有序地笼罩在高矗的土楼上，壮观雄伟。

顾名思义，单元式方楼内每一开间为一独立的单元，单元之间并无内通廊式的内侧通廊环绕连贯相通，而单元之间隔断封闭，每户设独家楼梯上下。平和县霞寨镇西安村西爽楼面宽86米，纵深94米，平面为四角抹圆正中略呈长方，方楼四周边为三层高土楼，共计65个独立开间单元；内院整齐地排列两横三纵共六组均两进的祠堂，六组祠堂前较为宽敞，其余三面与土楼较切近，形成狭窄的巷道。西爽楼共设一外正门两个侧门，外观闭合。正门前有一15米宽、90多米长的前埕，埕前半月形池塘，两翼端前伸壕沟，环绕四周。另外，建于清乾隆二十一年（1756）的漳浦县旧镇清晏楼，28米见方，四角隅呈风车状突出四个半径为2.5米的半圆形角楼，留设多眼墙孔，防御性突显。

七、闽西南和闽南其他土楼

同属矩形土楼系的长方形土楼变异多，与地形环境的关联度高，性格略趋外向，淡化了封闭的外形和峻严的防御底色。永定县下洋镇中川镇富紫楼平面以"富"字布置，两层，面宽21.5米，进深47米，坐东面西。长楼大门内为一宽2米许、纵27米许的小巷"天街"。天街底端门楼内，是由祖堂、书斋围绕天井组成的三合院；天街中段，共四外门楼隔巷相对，为四组带天井的大厅。外围土楼设内侧回廊、

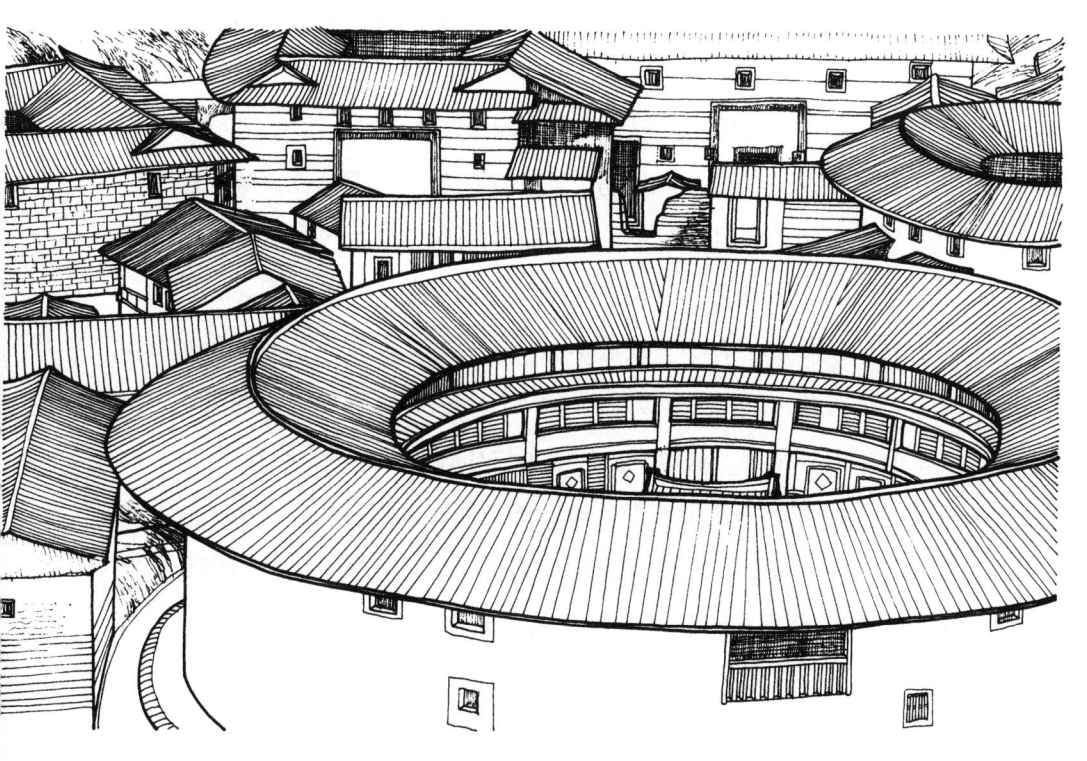

永定县湖坑乡土楼鸟瞰

共 6 部楼梯上下。楼后东面隔巷有排一层库房及厕所。虽然平面有刻意凸显对应富字之嫌，但空间形态独具特色。南靖县书洋乡石桥村长源楼长 36 米，宽 12 米，蛮石填筑墙基，长约 46 米，宽 14 米，受地基所限，内院呈窄长的天井状。正房、倒座各 11 间。其中正房三层，两侧厢房两层；南侧厢房底层为大门兼楼道，另一侧于厢房和转角房之间另设门扉，内置楼梯。正房底层面向天井的居中为祖堂，向前凸出，其进深大于两侧的仓储和厨房。倒座每间面临溪涧，设窗牖，进深略浅。居中房间为客厅和餐厅。二层以上为卧室。因一层为四面闭合式，二层自然就成了凹形的三向回（敞）廊而连通正、厢三面。三层为正房，亦出挑檐廊，有卧室及仓房。从平面和立面看，基于临溪的倒座为一层，正房二、三层有外廊，故人居其间，视野开阔，观览效果上佳；且室内如采光、通风、居住等条件和质量也有了不同程度的提升；在房屋形态和外观造型方面，由于依山而建，临溪而居，宅基并非构筑在一个平面上，而是类如梯田般逐台而上，故建筑呈示展现着前低后高、层层叠叠、屋面错落和层次穿插的姿态，兼有木构融入其间，体形颇为灵动和优美。

八、围龙屋

与其他客家系住宅一样，围龙屋也具备一定的防御功能。突出的是，在外横屋前后建碉楼，形成带四碉楼的围龙屋。此外，围垅屋的平面及空间形态，与闽粤地区的墓穴形制近似。围龙屋数量以粤东为最，其分布以梅县、兴宁为核心，北至福建永安、长汀，西缘广东翁源、英德，南迄深、港，东抵大埔，四川、台湾等地亦有若干及其变异的形式。在闽中永安县的垟头、垟尾和美坂等村落中分布的堂横式民居、堂横式加化胎、围屋等各发育阶段的住宅，以及安贞堡等，似可说明内庭式聚居形制多向的源头。

客家民系聚居建筑特色构成，在于祠舍合一、聚族而居两个要素。建筑内贯穿着两套不同的序列空间：一是以祠堂为核心和主体的、具有礼制建筑特征的脉络或空间；一是以居舍为核心和主体的、具有居住建筑特质的脉络或空间系统。两套不同性质的序列空间流畅、完整地统一缀合在聚居完形中，合二为一。就其平面布置的特征而言，表现为点线围合：点，祠堂，位居中央；线，居舍，环绕、排列前后、左右或四周。因此，建筑空间上，点是开放线，线是内闭的；或者说，其公共特征胜于居住特征。这种平面布置、构图法则、空间组合和祠舍合一，成为闽赣粤客家系聚居建筑的基本范式和突出特征[1]。在下堂、中堂、上堂和侧翼护厝（横屋）基础上，于上堂后部以半圆形的

[1]
陆元鼎.中国民居建筑（中卷）[M].广州：华南理工大学出版社，2003：557.

南靖县书洋镇上坂村田螺坑一瞥

排屋围合起来，就形成了围龙屋。具体地说，围龙屋由四种单元空间组成：坪塘空间、三堂空间、横屋空间和花胎、围龙空间。

禾坪、池塘一为长方，一为半圆，布置在建筑的前方，具有模糊的意味：置于建筑空间之外，为明确的人工安排，但半圆状的池塘平面形式又涵泳着环拥建筑的归属感和向度，虽其本身并无明显的空间界面，但与三堂、横屋和围龙的整体性，成为整体空间的一部分。三堂空间径沿居中主轴依序展开，天井间于其中，下堂至上堂的空间开放，形成多维的空间环境。其中，下堂为"空间转换枢纽"，中堂为"公共活动中心"，上堂为"精神和视线中心"，各有其所，浑然一体[1]。横屋空间指以横屋间和横厅为主构成的居住空间，一般对称布置在厅堂两侧，长度与三堂相等。横屋间多采用统一的尺寸和形式，大多12平方米一间，除供居处外，也用于储、厨等。围龙由围屋和花胎两部分组成，呈半圆形，端部与横屋连接，形成闭合曲线。围龙屋大小规模不等。小型围龙屋平面为二堂二横，即下堂、上堂，两翼列横屋，前置禾坪，后设围龙；大型围龙屋，平面上一

[1]
陆元鼎. 中国民居建筑（中卷）[M]. 广州：华南理工大学出版社，2003：556.

般为三堂六横加二围屋，即下堂、中堂和上堂，左右各三列横屋，前面禾坪、月塘，后端两圈围屋。

围龙屋的平面和规模大多介于上述大小之间。如二堂、四横、一围，二堂、二横加围屋，三堂、四横加围屋，等等。围龙屋的平面布置，以堂屋为主体。所谓堂屋，即中轴建筑的方形厅堂。最少二堂，一般三堂；堂与堂之间以天井相隔：上堂为祖公堂，中堂为议事厅，下堂进深浅，呈长方形，是为门厅。堂屋两侧为衬祠，多以巷径分出明间、次间、梢间和尽间。堂屋两翼为横屋，后端设半月形的围屋连接横屋，半月形内为花头；前面门廊内凹，两翼横屋有侧门，侧门与正门平齐。横屋门窗朝中轴堂屋开启；门前禾坪，前有低矮的照壁、半月形的池塘。整体图式为圆形，宛如阴阳两仪的太极图。围龙屋平面尺度十分严密、规整。一般半月池塘的宽度，往往等同于厅堂两侧的内圈横屋之外延边界。换言之，内圈横屋外侧边界以外的横屋、围屋、外入口等，均不在月塘的"庇荫"或"护拱"之内。而非月塘边界齐平的房屋，大抵为库房、磨房，农具房、仆佣房、家塾、畜圈、厕所等辅属性用房，显示出主次、内外等的礼制及差异。围龙屋中轴对称，秩序分明。尤其中区平面的屋面相互勾连，居高俯瞰，好比十字交叉的方格：方格中部是天井，十字框格为脊端，向四方倾斜，呈四水归堂状。人在其间，凭借檐廊敞厅，庶几晴可遮阳，雨宜避水。

围龙屋以一层平房居多，单体体量较五凤楼偏小，但占地面积较巨。正立面多为房屋的山墙，变化丰富。因择地选址上普遍倚重地形地貌，因此，其剖侧面或等高线上必前低后高，依序提升。其围数、规模，取决于家族的实力和地理位置。前述闽中永安市美坂村罗氏家族由赣入闽，所构崇德堂、积庄堂、三德堂和惇德堂等平面布置以三合庭井型和四合内庭型为核心，沿纵轴线依序为池塘、前坪、建功柱和旗杆、牌楼、大坪、门厅房、天井、正厅、后天井、后厅和半圆形围墙，两侧布置横屋（护厝），与围龙屋十分近似，是目前所见蕴含围龙屋图式和形态最北面的实例遗存。还有连城县培田村吴氏四进三开间加横屋的双灼堂，同样的前方后圆，基本平面和同村的官厅大致相仿，唯屋前阙半月塘，又因其后厅后置横长庭院，两角隅内弯成弧状形成1厅10房的后龙以收尾。

九、客家地区其他住宅

客家民系至清代已经形成了较为稳定的社会共同体，包括心理素质结构、价值体系、生产生活方式和建筑营造经验和技术。该地区除了五凤楼、圆楼、矩形土楼、围龙屋等各种堡寨式家族型共居的大中型住宅外，还有众多其他类型的乡土住宅。本章在述及第五小节"闽西南五凤楼"中，曾举例连城县培田村大夫第继述堂同永定县高陂镇富岭村大塘角裕隆楼（文翼堂）两座五凤楼进行比较，虽然两地均为客家地区，然前者为闽西，后者属闽西南——尽管两地间距30余千米，两宅建造时间仅差1年，然模式和风格差异明显。继述堂基于平面上层层铺展和递进式，在于厅堂和庭院的有机结合，折射出多进四合式院落的变通。而早于其近180年的大屋"官厅",进一步阐释了厅和井、纵和横、内坪和外坪、主院和侧院、门楼和月塘等之间的关联,以及处理手法。

官厅占地5 900平方米,前后五进加横屋格局,中轴对称,前端设置围墙、半月塘和外雨坪,形成一个前圆(半圆)后方(斜方)的纵矩形的平面图式。官厅门头四柱三檐,里侧两柱分立,上端倒挂垂莲,镌"业继治平"。檐角飞翘,脊端饰鳌、鹤。甫入门头为门厅,门厅内一呈略横长状的内雨坪。正对轴线沿设内门,形制同上,上书"斗山并峙"。越门后依序为前厅、庭院、中厅、庭院、大厅、庭院、后厅、庭院、围垣。中轴线自始至终,笔直纵贯。从面积上比较,厅堂自巨渐微约为前厅、中厅、大厅、门厅、后厅;庭院从大迄小略为内雨坪、前中厅间庭院、中大厅间庭院、大后厅间庭院、后厅后庭院等,两庑为前大后小状。全宅唯后厅为两层:底层为宗族议事厅,楼厅为藏书阁。轴线两侧均衡布置侧厅、卧室和庭院,两两对称,外围闭合,显示了森严的建筑等级礼制和法度,齐备的功能。

第七章

结构、造型、装饰和装修

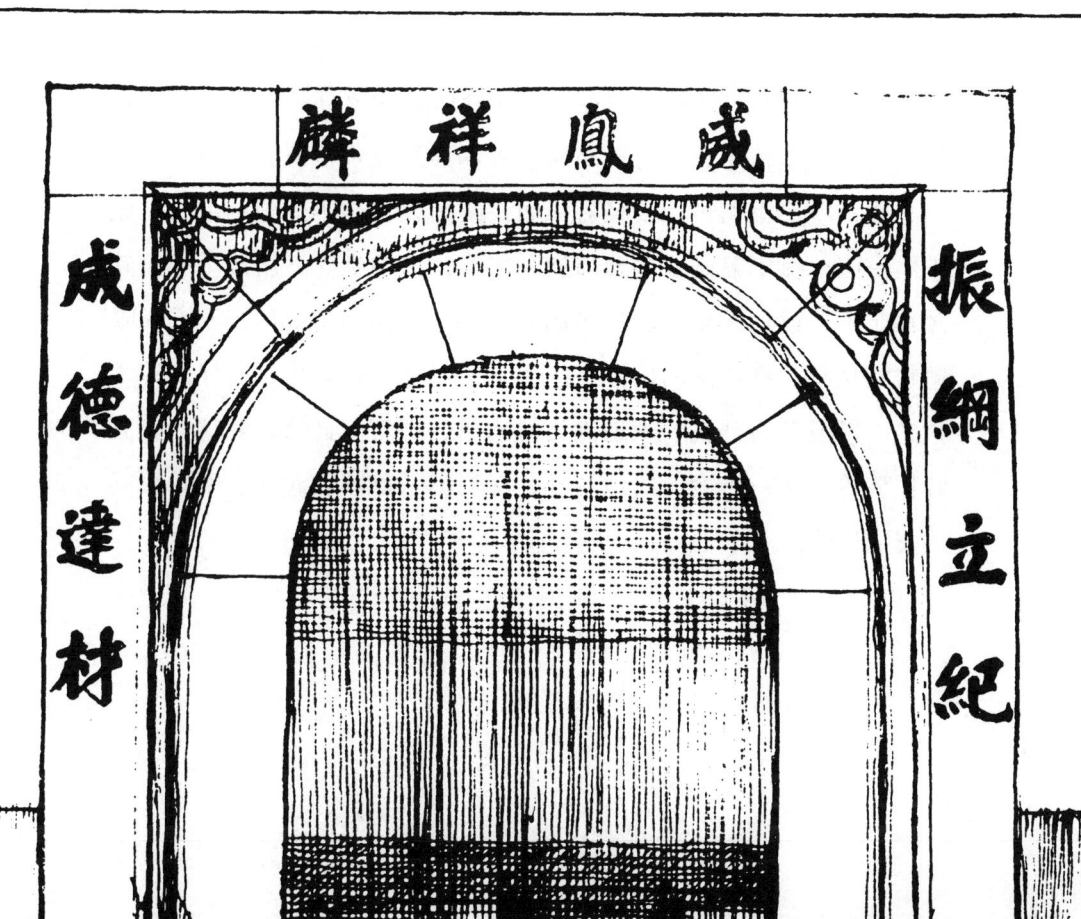

福建各地民居结构同中存异，部分保存和赓续了宋明时期的匠作工艺和技术体系，具有较高的艺术水准和技术价值。其造型或敦厚朴质，或沉穆循古，或轻盈华丽，或高大壮硕中蕴精巧细致，或直中寓圆，弧中兼刚，玲珑与遒劲兼得，情趣盎然，蔚成大观。其藻饰装折，或如闽东北起伏飘逸的山墙，或如闽南红砖赤瓦、满眼雕镂的秾华，抑或闽西门楼飞檐翘角的门楼，闽北传承有序的砖木技艺，以及争奇斗艳、琳琅满目的木雕、石錾、砖雕、灰塑、彩画和嵌瓷等，色彩绚丽，质地各异，奏响出一首跌宕起伏、千转百回的交响乐曲。

一、结构和造型

（一）结构

闽地民居结构并置，具有不同时期和地区性的层叠性。如闽西北泰宁县杉阳镇胜利二街明代尚书第主体建筑，前厅都为抬梁与穿斗混合式结构，中、后厅为穿斗式结构。梁大柱粗，梭形柱直径达 0.45 米，前厅前金柱的柱头前后挑出三抄斗拱托方檩，斗拱两翼两叶花舌装饰。梁头、枋头作象鼻拱、施花卉雀替；大厅运用减柱横梁的手法与金柱斗拱相互组合，上下互相协调而统一。

以传统抬梁式结构为主的闽南民居木构屋架用立柱、横梁组成构架，再重叠梁架逐上缩小、升高至顶层梁上主脊瓜柱；各层梁头处和脊瓜柱上承檩木，檩间设椽完成搭建——这与传统抬梁架沿进深立柱、柱上架梁、穿枋联柱、直角檩木等架构原理基本相同，但细部做法有所不同。如柱斗上斗拱叠垛承受脊桁或正心桁，左右接月梁，前后可出拱等。如此使瓜柱演变成叠架式的连珠斗，即以层层叠斗使其连成网状，既增强了构架的稳定性，又大大地藻饰了木构架的形式。莆仙地区木材资源欠乏，民居以穿斗式木构架为主，柱柱入地，柱上架檩，柱间穿枋上立瓜柱承檩，既有灵活性，又具抗震性。在泉州、惠安、晋江、南安等石材资源丰裕的地区，石匠们在长期的实践中对石材的抗弯物理性能具有深切的体会，他们凭借丰富的经验，依据当地石材性能与房屋开间大小模式，归纳出石梁石板适宜的应用技术，及其梁板构件断面的基本规律[1]，认识到石板、梁的长度运用应与高度成正比，即石板长不宜超过4.5米，石梁长不宜超过3.5米。因此，惠安沿海民居厅房的高、宽、深普遍比泉厦地区偏小，铺楼面板时多取室内的短向，以减小石板的挠度[2]。

闽南及莆仙建筑屋面形式丰富，除歇山顶、悬山顶和硬山顶外，还有三川脊、断檐升箭口等样式。三川脊系将硬山、悬山屋顶的正脊横向界分三组（段），居中主体部分升高，在其两侧加垂脊。居中屋顶（面）称中港脊，左右次间稍低者称小港脊。三川脊又称为三川殿，在南宋佚名《宫苑图》以及清初二袁（袁江、袁耀）的界画中可见此式。移民南徙后其式得以赓续传承。现泉州市永春县（桃城镇）、金门县和莆仙地区尚有众多实例。如莆田城厢区庙前路陈经邦邸第三进悬山式屋面的三川脊、高低檐。断檐升箭口屋顶系在硬山或悬山顶的中间屋顶抬高，使檐部断开，形成高低两个平面，中间抬高的屋顶角端设戗脊以构成简化的歇山顶[3]。

闽南民居屋顶因举架在脊步坡度上较陡，而檐步又较为平缓，尤其是屋顶的正脊呈两翼起翘的凹弧形，故易形成优美的建筑轮廓线。两翼脊饰如为尖脊式，则通常两端一分为二呈燕尾状；如为圆脊式，则成鞍形曲脊、纹饰和脊头的"马背脊"。无论从正面还是侧面看，高昂升翘的燕尾脊、起伏舒缓的马背脊和起伏有序的屋面在契合结构和功能原则的前提中，都巧妙地传递了闽南人独辟蹊径的审美观和表现手法，又因屋面的红色筒瓦而独树一帜。同样东濒沿海，福州东南的福清因频繁遭受台风暴雨的侵袭，致使普通土墙难以抵御，于是当地在夯筑墙体之际，先在模板内侧敷贴灰砂料，中间倒进黏土再事夯捣——如此，墙垣表面遂形成厚约1厘米许的灰砂保护层，兼收御风抗雨及藻饰两利。其生土房屋一般山墙到顶，前后以不同装饰的女儿墙包檐。

（二）造型

风火山墙是房屋造型及外观上最具变化的部位，闽东暨闽江下游地区的山墙大多呈多变的曲线型，其轮廓"影像"圆方相宜，起伏上下，错落有致：长乐县民居曲线型两山尖凸起，作前高后低的前倾状动势，舒展有度；福州、闽清民居山墙则沿屋坡以曲线型弯曲上翘，宛如燕尾般流畅顺势跌宕逸出；福清县民居侧面前后两个曲线波浪形山墙以非连续的、富有弹性的大弧度曲线构成丰富的天际轮廓，"墙顶以红砖叠砌出挑线脚，形成极小的出檐，每层线脚等施以精致的彩绘花饰，瓦顶扎口上砌空花女儿墙收头。立面勒脚很高，为平整的花岗石砌筑"[4]。

闽东北宁德市福安县溪柄乡一带的山墙则

[1]
陈晓向.惠安石匠师及其石工技术之研究[J].福州大学学报：自然科学版，2004（5）.

[2]
曹春平.闽南传统建筑[M].厦门：厦门大学出版社，2006：140.

[3]
李乾朗.台湾建筑史[M].台北：雄狮图书股份有限公司，1979：190.

[4]
戴志坚.福建民居[M].北京：中国建筑工业出版社，2009：179.

永定县湖坑乡洪坑村振成楼底层通廊

是火形的"观音兜",楼下村"保合太和"等宅的前后厢山墙,形同火焰的山墙向上升腾,尖子之间则是弧形的下凹。在闽北福鼎、浙南泰顺和永嘉县一带,因建筑山面多设披檐(有的设二层),加上悬山顶,故山面层次十分丰富。"这里层次最多,体积感最强,构图最丰富,充满了虚实、形体、光影、颜色和材质的对比。上面有屋脊端点尖锐锋利、高高挑起的尾角,往下是悬出几乎有两米的前后坡屋面(叫大栋)的侧缘,薄而且有一点刚刚能觉察的弯曲。"[1]

房屋正立面入口和窗牖等是立面最受重视的部分,具有如下特征:一是檐廊、二楼廊道和门罩等齐集于此,木构组接和雕镂比较集中。且雕镂髹彩,以彰显"门面";二是形成一定深度,造成立体化"三度空间"的"面"。泉州鲤城区、石狮、惠安、晋江、南安等晋江中下游流域的建筑正立面,习以红砖砌成多种图案,辅以木石雕镂,使之呈现出绚丽多彩的房屋立面景观。泉州杨阿苗宅、南安蔡氏民居的每一院落单元的正立面均为凹寿式平面和立面,浅者七八十厘米,深者一米许,正立面墙

[1] 陈志华.楼下村[M].北京:清华大学出版社,2007:42.

体构成了具有一定进深感的门廊空间。

二、装饰和装修

（一）风格

通过八次对闽境 9 个二级政区、30 余县区市和数百座传统建筑的考察调研，结合相关文献、先贤同仁的探索和成果，初步形成对其建筑装饰装修方面的基本判断，即东部濒海地区的藻饰普遍胜于西部内陆山区；南部的藻饰多于北部地区；经济发达地区的藻饰精于欠发达地区。按序大致可以排列以下矩阵梯队：其一为泉、漳、厦三市及隶属区县市，以泉州为代表；其二为莆、仙二市及隶属区县市；其三为福州市及隶属区县市；其四为龙岩市及隶属区县市；其五为南平市域；其六为闽东北宁德市域。

闽南泉、漳、厦民居装饰绮丽光华，缜密飞动，举凡木雕、石雕、泥塑、嵌瓷、陶塑等工艺类别齐全，综合应用；其装饰题材广、丰、古、泛，装饰面积之广、之巨，体量之多、部位之密、构件之多和工艺程序之繁之细，大概罕与俦匹。论雕斫，精、细、繁、杂，言塑嵌，则以艳、亮、浓、冗为长，话做法工艺，堪称质纯体密，精细而繁琐。其风格，秾华而繁丽。以雕镌为例，大多功在肌理和层次，讲求刀法的清晰和流畅，突出巧秀、雅洁和细密的技术特点；侧重于立柱、雀替和笼扇等门面部位的雕斫；立柱垂头常镂以莲花、花篮状，丰富外檐的装饰意味，烦琐、精致和艳丽并存。同时，也呈现雕彩合一的做法，按步骤通常是先雕斫、后髹彩，两者合一。抑或雕斫、漆髹、涂"覆"金箔融合，愈增华彩富丽的绚烂。

运用色彩手段对人居进行定性和定位，已然而为统治者创设世界秩序的一项重要内容和手段，不得僭越的建筑色彩等级制度也长期地深度约束了其色彩倾向、意志表达和情感宣泄的可能。研究者指出："居处建筑色彩秾华妍丽，图饰内容尊贵，户主的官级、社会地位必定高且贵，反之，则必定低且贱。因此，建筑中斗拱、飞檐、门、窗形式的自由和多样，正色或鲜艳色彩的大量运用，'金铺玉户'、'重轩镂槛'和'画栋雕梁'等，便成为众人心目中强烈的憧憬思慕和欲求对象。"[1] 这种心理上的期盼一旦与习俗、资源材料相契合，转化而成的建筑色彩就有可能是地域性、普泛化和标志性的客观存在。闽南墙身立面大都呈现红、白两色强烈的材质和观感：红者为当地习用的"烟灸砖"，用红壤窑烧制而成，色泽鲜艳，质地坚硬，表皮上现二三道紫玄色纹理，色泽鲜艳、质地坚

[1] 刘森林.中华陈设——传统民居室内设计[M].上海.上海大学出版社，2006：341.

硬，普遍地用于墙体正面、明间内凹式入口正面、两侧山墙及背面；屋顶上瓦片、平瓦、瓦当、垂珠，以及铺砌在厅堂、走廊处的方砖等，均用红壤制成，使闽南民居呈现出一派红色——吉庆喜红的习俗和风尚在此获得了最大规模的实体化样本和践行结果。而盛产花岗岩的资源优势又转化成砖石的组合运用，形成了独特而光华绮丽的建筑风貌和肌理，与其他区域普遍的青砖黛瓦、素土白壁等迥然有异。故明人王世懋在《闽部疏》中有言："泉漳间烧山土为瓦，皆黄色，郡人以海风能飞瓦，奏请用筒瓦，民居皆俨似黄屋，鸱吻异状，官廨缙绅之居尤不可辨。"[1]

作为普遍的外墙形式，其嵌砖花纹有万字堵、蟹壳封砖堵、海棠花堵、人字堵、工字堵等，色泽醒目，加上釉面红砖本身形状就有六角、八角、圆形、钱币和莲花形等形状，可拼砌成多种图案，也能粘接文字图式点缀于上，以及多样化的石材砌筑方式，如青白石相间砌筑形成色彩对比，蜂泡石和齐整条石构成质感对比，条石顺砌与丁砌的组合呈现结构与形式对比。尤其是石块与红砖混砌成的"出砖入石"图景，形成非规则的墙体图式，色彩、材质和形式等在对比和差异中共融一体，堪称一大创举。泉州杨阿苗宅正立面外墙为其至为精彩之处：凹入式大门入口及两侧均为白石墙基（包括内凹立柱处），青石为柱础，内凹立柱间以及外墙红砖图案的框格带饰，主体为红砖组砌的各种样式组合的贴面，鲜艳夺目；正立面的不同部分还凫集了木、石雕镂，尤其是门廊两侧顶端上部的戏曲人物、器物雕斫，形象生动，形体玲珑。门扇两翼和门廊侧面的青石上还摹刻颜真卿、苏轼、张瑞图、羽中鹤等士夫的诗词书画等，技法精湛，堪称闽南民居墙体装饰艺术的经典之作。大致相似的南安蔡氏民居与杨宅以青石作镶边带饰不同，而是取白石呈细线状勾勒，与居中的窗框和基座白的石相呼应，柱上阴刻白石红字，材质色彩对比更加强烈，也使正立面形成上红下白的"界限"。并充分运用青白石材的质地差异和色泽区别，巧妙地将其进行对比或差异化的处理，使该地包括匾联在内呈现出浓郁的地方特色。如"锦亭衍派""五峰呈秀""莆阳世胄"等门额等均以青石作底，剔地浅刻阳文，四周用白石连接，深浅、粗细等色彩和肌理形成对比。

莆仙地区装饰既有泉漳的富丽，也有自主的特色。如在墙体装饰或红壁瓦钉，或满墙藻饰，丰赡烦冗。这种红砖顺砌、白石丁砌形成菱形白石和方正红砖的红白对比，极具感染力和形式感。

如果说闽南及莆仙人视红色象征吉祥和兴旺，寓意欢快和幸福，结合当地红壤资源而成就"红色建筑"的话，那么，各地的土

[1]
［明］王世懋.闽部疏［M］.北京：中华书局，1985：7.

坯墙、砖石、竹木等材质的本色和加工组合则构成了传统民居最大面积的"藻饰"。大量运用木材作为围护结构的民居，主要分布在林木葱郁的闽北和闽中穿斗架结构的民居中。或设外廊，壁体系柱与穿枋之间以竹条、树枝等编织而成，普遍敷设土泥，再施粉刷，别具特色。

（二）类别

闽省传统建筑装修可以分木雕、石刻、陶塑、灰塑、砖雕、嵌瓷、彩画七大类，以下予以简要叙述。

闽地木雕地域性较强，闽东、闽中、闽南、莆仙和客家地区等各领风骚，各具特色。

以福州为代表，闽东地区依凭充裕繁富的林木品类和两宋文化正脉的赓续和流布，为其建筑木雕艺术的施展提供了基础和支撑。根据木材品质和特性，因地制宜地施以相应的技法。如房屋梁架大多用杉木，厅堂中间二榀抬梁或以深雕斫琢，梁托部位用浮雕或浅刻，使之主从有异；穿斗式木构架间则往往以云纹、花纹、祥瑞灵兽图形的组合，施以圆雕，间或镶嵌，并在表层贴金、髹彩，装饰效果颇为突出。如福州文儒巷47号陈承裘故居厅堂的两侧厢房隔扇门中的隔心支条，极尽天工神斧的魅力，在每扇（两边各四扇）隔芯上分别镂镶瓶、壶、鼎、篮、斛等古意盎然的器具形象，器具内衬及其精准、细密、有序和规则的铸纹，回纹、菱纹和竹器类编织纹样作底，器具图形的"粗"与图底纹饰的"细"构成了强烈对比，隔芯在四周拐子龙纹样隔包绕中卓尔特立，彰显了艺术风采。

　　闽中土堡外观敦厚沉穆，内里木錾精美。如永安会清堡正堂中四根金柱的柱础以鼓形柿蒂花纹点缀，明间和次间梁柱上雕镂花枝、蝙蝠为芯作罩。梁、拱、雀替、脊檩等以凤穿牡丹、玉兰、春夏秋冬四季花、如意花等题材装饰。次间板墙隔断前间采用万字绵地和牡、荷、菊、梅纹样的门窗隔断，后间用棂格加变体钱纹做窗芯。稍间厅室东侧用菱纹结合变体菱花构筑漏窗。尤溪茂荆堂主堂前檐轩梁上用凤戏牡丹纹饰的柁墩承托檩条和屋架，柱下有鼓墩式青石础，面上浮雕苏轼放马、东方朔偷桃、三国典故、婴戏纹、壮士练武、农夫樵耕、凤穿牡丹、鼠食葡萄等纹样。

　　闽南民居的木雕集中施艺于下落凹寿门斗、下厅、顶落布口、大厅和榉头间。杨阿苗宅、蔡资深宅和厦门海沧新垵邱振祥宅等的通梁、寿梁和立柱相交处施托木（雀替），雕錾成鳌鱼状，鳌鱼头如龙首，身似鲤鱼，四周饰以水生动植物刻镂纹样。还有以书画式或螭虎卷草纹雕镂束仔。泉州杨阿苗宅、济阳别墅和南安蔡氏大厝的槛窗、隔扇的窗棂或古制直棂，或夔龙草纹，雕斫精细；檐下梁枋、斗拱、雀替、垂花等处镌镂人物、山水、兽禽和花卉，可谓争奇斗艳。在斗、拱、瓜筒、狮座等处多做浅錾，深雕或透雕形式为主的则多集中于联系构件如垂柱、竖柴、斗抱、托木、束随、通随、门簪，包括笼扇、螭虎窗等处，如笼扇——大厝中面朝深井的门窗（下厅下房、顶厅大房、边房和榉头间的房门等）系由两侧边框、上中下横框组成框架，在绦环板（腰堵）处多镂雕花鸟人物，上部隔心以棂子（枳）作卡榫拼成各类图案，也雕螭虎、香炉，称为"螭虎堵"[1]。最具特色处在于髹漆涂金，在束随、通随、圆光等处普遍以透雕式处理复通体彩绘髹金，富丽、缜密、繁复、鲜亮，密密匝匝。

莆田木雕同东阳、潮汕并称三大木雕流派。不过其誉实系于祭祀器物上的金漆木雕，如神龛、神案、神轿、香亭、龙椅、烛台等处，层层透镂，烦琐细密。流风波及，余韵尚存。莆田涵江区涵西新桥头馨美堂藻饰富丽，二楼横梁檩椽雕錾花鸟并髹金涂彩，神龛上方为金箔髹覆花瓣样木枋，居中蓝字"金马玉堂"。其龛飞檐翘角，精刻细镂。一层二厢房后屏壁镶嵌数方纵长形雕屏，山水、人物等层次丰赡，刻工精细。其余举凡梁架、屏门、隔扇、吊篮、枋头等，均极尽雕錾之能事，且大多髹漆涂色，雕刻精细，色泽浓丽，气息堂皇。

客家地区中无论是各类土楼，还是厅井型住居，抑或围龙屋，藻饰特点一是集萃于内檐，二是结构节点处往往是其用力之处。如连城县培田村官厅的屋檐、枋头、雀替、门楣、门柱、隔扇、窗棂等处，庶几无处不雕，乃至髹漆装饰。其纹样处理，浮、深、圆雕之间的过渡和转换，以及形成的整体气息和审美感受，明显同其他有所不同。在其梁枋上多有龙凤呈祥、双狮双珠、诸事顺意和花开富贵题材的雕錾，多视内容决定雕斫之艺。如花开富贵，庶几以若干层次式的浮雕置之，刀法简素。而龙凤呈祥，则不仅浮、深、圆雕俱施，且立感强烈。龙、凤形象空间意向凸显；其身形、尾翼等则沉浮起伏，若隐若现。其飘带百转往复，正侧倚折，变化莫测，显示出不凡的功力和控驭构图及木性的高超技巧。虽然已过二百多年，但龙、凤主体上的金、红等漆髹仍可辨识，熠熠灿烂。

石雕是闽省最负盛名的装饰工艺门类，多以青、白石为基材，采用不同的技法精雕细琢，成为经久耐用的建筑材料、构件和美轮美奂的装饰艺术物。其中，惠安石雕历史悠久，早期作品有唐末武威市节度使王潮墓前的石人石兽、宋代洛阳桥石将军、明代资政大夫都察院右都御史张岳墓前的石雕等。拥有丰富白色花岗岩资源的泉、漳、厦地区开发既早，运用且广。宋代泉州开元寺塔、涂门街清真寺等均为宋元时期的石构。房屋常以大片石板经打磨后竖砌（不拼接）做墙裙，或用碌石（条石）平置叠砌。朝外下落（首进）明间的凹寿正面、门窗等均为白石、青石砌成，目前保存较好的杨阿苗、蔡资深宅石雕等大多出自其石匠之手。杨宅主入口"塔寿"和大门框斗、匾额、门楣以及门廊两侧石窗上部横带状的镂空人物、戏曲石雕、人物战车形状生动，雕工剔透；其石雕面积之广、雕工之精、难度之高、题材之繁，实

[1]
曹春平.闽南传统建筑［M］.厦门：厦门大学出版社，2006：218.

为闽雕翘楚。以透雕、浮雕和影雕三种技艺,深入细致地呈现了众多兽禽、花鸟、虫鱼、山水、林木、故事、人物、物品以及历代名人的诗词书画作品。蔡资深建筑群中16座院落的凹寿式门斗入口,咸以青白石组合构成,而且檐柱、门框、石堵(墙体)、柱础和台基踏步等均非石莫属。不仅石材运用甚为广泛,而且青白石组合尤见意匠:台基、踏步、石堵、门框、檐柱为白石,门额、腰堵(相当于石墙中的腰线)、柱础、地狱等以青石为主,形成了青白两种石材的并置对比效果。就雕刻而言,白石处所雕以浅斫线刻居多,门框、檐柱折角处也常处理成圭角状。较多的雕镂主要集合于凹寿正侧面下端青石腰堵处,以瓶花、动物等吉祥题材出之。青石錾凿突出,重点在柱础、腰堵等处。柱础多呈束腰状,上部扁鼓形,石面有素平和雕镂花卉者;下层础座多斫螭虎脚,上下凹凸,层次多样。凹寿门斗处的裙墙腰堵石雕精美异常,有些腰堵相当于《营造法式》中"压地隐起"法的沉雕(浅浮雕)斫喜鹊登梅之类,对其表面进行打磨,地子上凿出点子——磨平的图案表皮呈深青色,地子凿点处为浅灰绿色,色泽和层次均富有适宜的观感。而在对看堵、水车堵等处又以"剔地起突"式的剔地雕法,雕镂动植物、戏曲人物等,高浮雕、富立体化的雕斫以及深青灰色的色泽,增辉门斗。

诗词书画入雕,是其鲜明风格的表征。杨居、蔡居等墙裙腰堵处以青石为底,中央或竹石类图式,两侧必附诗词联对,如"会心究万理,洗眼观群丰","金石其心芝兰其室,山林为伴松桂为邻"之类。四角隅草龙纹饰,上下框格中上框再书箴言警句,下格花饰禽鸟类。均在青石上浅雕，使所斫形象下沉卑凹，所斫则青中见"白"，线条及色泽分明，诗词书画和雕镌融为一体。民居台基下地牛（土衬石）以上多以石块砌成普通者用灰白花岗石砌成"柜台脚"，其外观似低矮的柜台形，正面刻錾双足低案，双足外撇呈八字，兽形；考究者以青石錾成，正面雕螭虎。角牌、錾砖堵等的柜台脚，也雕作兽足、马蹄和象鼻等动物形状。民居中凡面朝户外的门窗框棂等多为石构，其式有直棂窗、石条窗、竹节窗、螭虎窗等。尤其是竹节窗和螭虎窗，刻錾精细：竹节棂以透雕见多，螭虎窗用大石板整块透镂雕錾。

闽西北泰宁县杉阳镇尚书第建于明天启年间（1621—1627），因户主李春烨曾职兵部尚书、少保兼太子太师，故府邸雕錾精湛，气象不凡。其南门额巨幅石匾居中錾"四世一品"，左右士夫相向作揖，上部深雕士人雅集景象，下端连门簪精细雕镂缠枝牡丹。门墙上坊处一左一右镂空圆雕凤穿牡丹纹，同素色石门框形成强烈对比。大门两端体量硕大的抱鼓石从材质上分上下两种：上部鼓石及托座近似徽州"黟石青"，莹质色黝，内外两侧浅刻祥云，整体形象生动；下部底座为红砂岩，庄重中含明快，以及素平鼓石、沉雕托座、凹凸起伏、圆雕深雕并现的底座雕錾，形成不同色泽、肌理、雕法和所雕内容的差异，具有较强的艺术感染力。

以尚书第为代表的闽西北石雕艺术不仅仅在于门楼、入口、柱础等常规的石斫之处，而且遍布石槽、石几、石架等构件中，如明代遗存石雕花架，二度须弥座束腰底座敦厚，全架几乎无处不雕，却又简繁有

永定县湖坑乡洪坑村振成楼石刻匾联

度，烦冗中见简练，深圆雕同浅浮雕及线刻共辉，极富装饰性，呈现了其工艺典范及明代雕塑艺术的脉络。

闽南陶塑主要荟萃于凹形门头两翼、墙垛、堰头等处，与北地装饰于屋顶屋面处明显不同。在蔡氏建筑群、杨阿苗宅、金门县金沙镇大夫第、金城镇前水头63号宅等处可以看到，陶塑制品融绘画、雕塑、烧陶于一体，外观温润鲜丽。釉陶的题材大致为神话传说、民间故事、历史文学、戏剧人物和动植物及瓶花之类。蔡氏建筑群入口对看堵（入口两侧看墙）中的陶塑以高浮雕形式施以瓶花、狮象、瓜果、莲荷、博古纹等。陶塑高约1米（离地1米许），宽约50厘米，四周砌烟炙砖，形成框池；池内书以"竹苞""松茂"等字额。另外还有一种安置于凹寿入口的两侧，高度相近，正方形，四周陶塑蝙蝠纹、螭纹和龙纹，纹饰较密集，与中间陶塑隔一圈烟炙砖，白框收边。总之，蔡氏入口处陶塑在浅素底子上所塑造的物体形象深浅有别，色泽鲜艳，与框界外红色砖墙和白色石柱等共构了色彩斑斓的绚丽景观。

此外，还有一种称为"交趾陶"的装饰门类。交趾最初指的是上古南方蛮人两足相交坐卧，汉代曾将岭南、越南北部等地析设交趾，交趾陶可能特指源自岭南的陶艺。泉州开元寺内照壁上的麒麟形象逼真，形态生动，色彩鲜活瑰丽，半浮雕的塑体颇具立体感。因其体量庞大，当是分片烧制后再行拼接而成。

灰塑也称泥塑、彩塑，与木雕、石刻、砖雕和彩画并列为中国古代建筑装饰中五种最普遍的工艺类别。其工艺大致可以分为彩描和灰批塑形两大部分，尤以后项最为重要。彩描，既是灰塑的平面表现形式，又有相对独立的成分。其灰批塑形，既可径直批塑，抑或预先塑形后粘贴其上者。普遍做法是先用铜线或铁线做出骨架，将沙筋依骨架做成模型粗样，半干时再用配好颜料的灰筋灰仔细雕塑而成。若为浮雕状则须先在墙体上打上铁钉，再用沙筋灰将底子找平，塑模后于高凸部位处预埋铜铁线，在其表层用灰羔勾塑形状，旋将纸筋灰调色后塑形涂沫而成[1]。基于自身较强的可塑性，不同部位也采取不同的形式。如房屋屋脊处多为圆雕式泥塑，所饰题材有垂鱼、鸱鸟、龙、水兽等；正面檐口下、入口左右廊墙上、山墙外墙鸟踏和外窗顶等部位则以浮雕式居多。泉、厦、漳和台澎地区建筑中的泥塑装饰繁复精致，当地匠师习用"水车垛"概指建筑墙体上的装饰。墙面上就是一条水平的装饰条带，两端收尾自如；若处正面檐下，则两端以墀头状表现；若在山墙处，一般不设框而径直"切断"。水车垛装饰的构成形式分为垛头和垛仁，如为长形也界分三段，段间以垛头作界分隔。水车垛中垛头的线条细腻，线内凹陷深剔。一般剔地处刷靛青、土朱色，阳线框条素白，形成十分醒目的色彩和形态对比。垛仁相似于彩画的枋心，主题在此展现，题材宽泛。

　　除闽南外，其他地区也不乏精彩的实例。如永安市安贞堡中的灰塑集中在中心天井四周建筑的一层腰檐上，"无论从楼上往下看还是从楼下抬头往上看都是重要的观赏部位。这里光线充足，充分展示出彩绘鲜艳的色彩和灰塑有层次的光影效果，以及二者巧妙的结合，也为天井增添了不少生动和华丽的气氛"[2]。由于处于腰檐上、窗框下，故高度有限，使之成为长条带状的、一个个框格限定了的主题灰塑装饰。一般是对应上部窗口宽幅或墙垣宽度，居中横长框内形成灰塑，两侧用装饰性图案收尾，进一步凸显框内灰塑的装饰内容及其形式。永定县富岭村的裕隆楼凹寿式入口的两侧分饰两组四对，每一单元概有题额（上）、独幅画面（中）和底饰（下）三块构成上中下一体有机的组合。其主体即中部的独幅呈纵长型，四边框格外凸，内圈四隅圭角收边，灰塑以适合纹样为主，圆满繁复。图形构成为凹凸两个层次，边线起凸，塑性整体和流畅。

灰塑以灰泥为主材，其泥由蛎壳灰、石灰、麻丝、砂、棉花、糯米浆、红糖水及煮熟的海菜等组成；二是工艺多样，步骤明确。通常有现场施艺、预塑印模两大工艺。现场施艺者一般先用铁丝、竹枝或木条搭接骨架，再据所塑内容塑形，借助灰匙、镘刀和竹片等工具刮、挖、剔、堆、接，精镂细琢，直至图形、形态修饰完成。预塑印模指

[1]
陆元鼎，陆琦.中国民居装饰装修艺术［M］.上海：上海科学技术出版社，1992：22.

[2]
陈志华，贺从容.西华片民居与安贞堡［M］.北京：清华大学出版社，2007：82.

的是部分内容为大量或重复的构件（局部），这些构件的制作的翻模或印模的工艺完成，一可保持所塑的一致性，二可提高效率。两种工艺也结合使用，各取所长；三是图案繁复，色彩鲜丽。灰塑图案繁复，人物、戏曲、动物、植物、楼阁等纹样烦冗，大多集中在身堵、水车堵、山尖规尾、窗楣等处，并髹彩刷漆使之色泽鲜艳，华丽醒目。

嵌瓷系以陶、瓷片为介质，用钳刀剪割成一定形状，运用各类灰浆、麻丝等材料打底、粘接和塑坯，再用糖灰粘接陶瓷片而成，主要装饰在房屋的屋脊、翼角、山墙和影壁等处。以莆、仙、泉、厦、漳等地为主。嵌瓷制作以泥塑为体，材料由石灰、灰贝、蛎螺壳灰、麻绒和糯米糊等构成，与水孱合并搅捣。制作施工中先塑骨架，或在轮廓形体内预埋铁丝，再粘贴、镶嵌瓷片。如果嵌瓷对象是人物等较为复杂的对象，也预先用模印（尤其头部）、施完白釉后入窑烧制而成——嵌瓷施工既有近似于泥塑类的工序，又有自身独特的工艺特色。其做法大致分为三种：

一是平瓷。系用沙筋灰打底后，用佛青画轮廓，复以糖灰将釉色瓷片粘接；无嵌瓷处以灰浆垫底、经批抹后配色，使两者处于同一平面。

二是半浮瓷。做法是先用沙筋灰打底，佛青画轮廓，再塑泥坯成型，最后嵌瓷。

三是立体瓷。因表层有凹凸变化呈立体状而名之，施工时先用瓦片、碎砖、麻丝和糖灰等进一步进行批、塑、雕、抹等细部处理，最后镶贴瓷片而成[1]。嵌瓷工艺中所用瓷片（也有少量陶片）初期以碎片为主，清末民国嵌瓷蔚然成风后，日用瓷器遂不敷使用，于是出现了专供嵌瓷所用的瓷碗，其釉色较之普通蜿碟之色更为鲜艳。

嵌瓷具有外观洁净、经久耐用的特点，适于沿海风大、雨多和日照强烈的濒海建筑，若从其艺术方面论，基于其制作施艺系现场发挥，题材、内容和纹饰、图案以及各类工艺的集中呈现，难免有琐碎、烦冗和堆砌之嫌，好在施艺之处大多集中在山墙、翼角等局部。

闽北南平市、武夷山市、邵武市是砖雕集中的区域——上述章节曾多处言及闽西北和闽北是移民入闽率先抵达及主通道，故建筑、城堞等受其影响明显。从遗存的砖雕看，大多是清代所斫——因砖雕属于明中晚期开始逐渐产生和普及的工艺类别。因此，此地砖雕与早期移民并无直接的逻辑关联，应是明末清初衢州、徽州、和婺源（今属江西上饶市）等三省多地人群流布播行的结果。

从其工艺构成上看，一是烧制，在湿坯上以泥塑或模压成型，入窑烧制即可，大多用于门面楣顶相交处。总体层次简一，棱角圆浑，适宜远观。二是深度加工的技烧。质在棱口锋

[1]
陆元鼎，陆琦.中国民居装饰装修艺术［M］.上海：上海科学技术出版社，1992：25.

利，线条凸显，缝隙细微毕现，观赏性较强，主要安装在门楣四周。三是雕刻，借助剔地、隐刻、浮雕、深雕、透雕和圆雕之法，精雕细镂而成。闽北砖雕分布特点，一是南平市域的西北武夷山市、西缘邵武市多，东部政和、松溪、建瓯、顺昌少。三明市域西北及西部泰宁、建宁、将乐、永安、清流多，东南部尤溪、大田少。二是城镇多，乡村少。砖雕集萃处如武夷山兴田镇下梅村、五夫镇，邵武和平镇、大埠岗镇、金坑乡，泰宁城厢镇。三是大中型住宅、祠堂和分隔庭院的檐墙集中，小微型民居鲜少。如下梅村邹氏大夫第、大夫第、赵氏家祠、林氏家祠、李氏家祠、闺秀楼、参军第和儒学正堂，五夫镇的刘氏家祠、连氏节孝坊、乡贤书院，邵武和平镇李氏家祠、黄氏大夫第、廖氏家祠，还有大埠岗镇睢王庙门楼、金坑乡儒林郎门楼，以及享誉海内的泰宁城厢镇尚书第等。

　　闽北砖雕形式多样，门罩、门楼、八字墙、萧墙和墙垣漏窗等各逞风韵。以门罩门楼为例，包括四柱落地式、双柱落地牌楼式、垂花门悬柱式等。其中，四柱落地三楼门楼式门罩如五夫刘氏家祠，垂花门悬双柱式如下梅李氏家祠，四柱落地五门楼式如乡贤书院等。下梅村参军第门楼普通中见特异：所谓普通，门楼为四柱落地五门楼式，中间双柱悬柱式；所谓特异，是指五檐门楼中的外侧两檐门楼位于前伸呈直角状的两翼处，既未形成八字墙，且楼高仅与枋梁齐平，略高于门洞上沿。总体上，建于清中叶的参军第门楼同徽派在形制、样式、题材及工艺技术上一脉相承，大致无二。既有浅斫细密素雅的锦纹、卍纹、草龙和回纹，也不乏以深刻和透雕法聚焦福禄寿三星、农夫摘蕉等中心处的主题诉求，以及环合四围的瓶花、暗八仙等题材的浮雕和深刻，层次与立体感凸显，深浅浮透，繁密剔透，栩栩如生，技巧娴熟，蕴含着浓郁的审美意趣和藻饰之美。

闽南彩画与苏式彩画相同的是，咸以"包袱"画心构图为核心。不过，闽南包袱（当地称包巾）不作"烟云"，在通梁、寿梁、大眉、弯枋等处多单个绘制，包巾两端也无软硬卡子，仅在外檐墙面水车堵内的泥塑彩画的两端以几何纹、曲线纹构成"线盘"，以作垛仁两侧的边界（框），这在金门县金门镇、金沙镇颇为常见。包巾于通梁正中、两端和瓜筒连接处的边缘常施以折角，有"软折"和"硬折"之分，并在折角的正反面鬃色；包巾施于脊檩下，一般斜置成菱形包绕其中部下缘，藻饰太极八卦、河图洛书类纹样图案，有的还在两端加上"锦头"。上述包巾中既有绘鬃织锦纹者，也有山水、人物、花卉等题材，工写不一，重彩、水墨或墨底金线各异[1]。相对于屋檐室内梁架上的彩画，建筑外檐彩画较多分布在水车堵、山尖、笼扇和门楣等部位。水车堵彩画的构图依循梁架

[1]
曹春明.闽南传统建筑[M].厦门：厦门大学出版社，2006：234—235.

武夷山市下梅村民居窗饰

结构彩画模式，分为堵仁、堵头等数段，堵头用泥塑堆出类若苏式彩画般的"卡子"和岔口，并画出退晕，以较强的立体感和渐变性将堵仁予以围合和包绕起来。

闽南彩画的鲜亮华丽在很大程度上来自沥粉贴金。沥粉使线条凸显，沥粉主要于门扉上的门神、神像彩塑类；贴金使色泽更为明艳，普遍地运用于彩画和油饰中。瓜筒下的"狮座""梁巾"，大通梁下的"通随"等处常满饰金箔而金碧辉煌，是一种等级较高的彩画手法。